De un ~ SUEÑO *al* PALACIO

De un SUEÑO al PALACIO

OTONIEL FONT

CASA
CREACIÓN

La mayoría de los productos de Casa Creación están disponibles a un precio con descuento en cantidades de mayoreo para promociones de ventas, ofertas especiales, levantar fondos y atender necesidades educativas. Para más información, escriba a Casa Creación, 600 Rinehart Road, Lake Mary, Florida, 32746; o llame al teléfono (407) 333-7117 en Estados Unidos.

De un sueño al palacio por Otoniel Font
Publicado por Casa Creación
Una compañía de Charisma Media
600 Rinehart Road
Lake Mary, Florida 32746
www.casacreacion.com

A menos que se indique lo contrario, todos los textos bíblicos han sido tomados de la Santa Biblia, versión Reina-Valera, revisión 1960. Usada con permiso.

Editado por: Living Miracles
Diseño de la portada: Bill Johnson
Director de diseño: Bill Johnson
Foto de Portada: Ferdinand Rodríguez

Visite la página web del autor: www.otonielfont.com

Library of Congress Control Number: 2011922939

ISBN: 978-1-61638-116-5

E-book ISBN: 978-1-61638-335-0

11 12 13 14 15 * 5 4 3 2 1

Impreso en los Estados Unidos de América

DEDICATORIA

A mi amada esposa Omayra, su compromiso a Dios
y su amor por mí son la fuente de inspiración para
alcanzar el destino de Dios para mi vida

TABLA DE CONTENIDO

PRÓLOGO

UNA VEZ LEÍ una pequeña historia, pero no menos fascinante. Al cuidador de un faro se le daba cierta cantidad de aceite al mes para que lo mantuviera ardiendo y de ese modo, los barcos no encallaran en los acantilados. Pero durante el invierno se le acercó una madre y le rogó por un poco de aceite para cocinarle a sus hijos. Luego llegó un hombre y le pidió algo de aceite para engrasar las ruedas de su carro. Y finalmente un anciano le pidió aceite para calentar su casa. El cuidador del faro accedió a los pedidos, dado que consideró que todas eran causas nobles. Lo cierto es que el faro se apagó y varios barcos encallaron. Cuando la compañía lo despidió le dijeron: "Se te dio el aceite por una sola razón y la olvidaste: tenías que mantener el faro ardiendo".

Actualmente encontrar hombres de Dios enfocados, que saben para qué se les dio el aceite y la razón puntual para lo que fueron ungidos, es como hallar una aguja en un pajar. Otoniel es un hombre de esos. Nos conocemos hace muchos años y soy testigo fiel que nunca se ha movido un ápice de la visión que le fue encomendada y su llamado puntual.

En medio de tantas modas que pululan nuestro ámbito, el nunca se ha dejado llevar por ninguna corriente extraña o alguna teología novedosa y se ha mantenido firme en sus convicciones a través del tiempo. Otoniel no es un predicador de gestos ampulosos y jamás lo veremos tratando de emular a los predicadores de moda. Insisto: es uno de los pocos hombres de Dios que saben exactamente para qué están ungidos. Su faro se mantiene ardiendo en medio de la oscuridad del océano.

No solo eso, a mi criterio, Font es uno los líderes cristianos más dinámicos de nuestro tiempo y cuenta con una sabiduría que no deja de asombrarnos.

Cuando Otoniel predica, yo escucho. Cuando el escribe, yo leo. El no es un hombre que dice algo, siempre tiene algo que decir. Cuando estoy cambiando los canales del televisor y me lo encuentro predicando, siempre me digo: "Lo miraré unos minutos" y termino por ver todo el programa. Su modo de predicar atrapa y su oratoria impecable hace que la vida cristiana se transforme en una dinámica de vida, por encima de cualquier dogma o denominación.

El no grita, no apela a las emociones, no hace un espectáculo. A pesar de su juventud, el Señor le ha regalado a Otoniel la sabiduría de los ancianos.

Con justa razón este libro es una colección de esa sabiduría proveniente de un hombre que vive lo que escribe. Profundo.

Práctico. Utilitario para todos aquellos que tienen una vida real, y que se pelean a diario con la rutina y la cotidianeidad.

Alguien dijo alguna vez: "La credibilidad viene de una integridad que con el tiempo respaldan los resultados", entonces nadie es mas creíble que Otoniel Font. Luego de ser un pastor exitoso en Orlando, Florida, se hizo cargo de una alicaída congregación de la bellísima isla de Puerto Rico que por aquel entonces atravesaba una severa crisis. No solo fue el piloto de tormenta indicado, sino que en poco tiempo la posicionó como una iglesia de vanguardia y logró un crecimiento meteórico y una consolidación extraordinaria. Inyectó un ADN totalmente nuevo, una visión demoledora de estructuras y le otorgó una nueva identidad a una iglesia que en la actualidad no para de crecer y nos es ejemplo al resto de los ministros. Hoy su congregación es la nave insignia de un modelo de crecimiento, prosperidad y calidad de vida.

Hace poco tuvimos el privilegio de tener como invitado al Pastor Otoniel en La Catedral de Cristal de California, y en apenas dos días revolucionó nuestro liderazgo de un modo asombroso.

En resumen, "Desde un sueño al palacio" refleja a Otoniel tal cual es. Práctico, extremadamente carismático y profundo, el cóctel indispensable para un libro de cabecera. Vas a comenzar a navegar por las primeras páginas de esta obra y sin que te des cuenta habrás llegado al final del libro.

No te confundas, no se trata de esos libros superficiales o de catálogo del tenor de "Diez pasos para prosperar", que están mas emparentados con la autoayuda que con la revelación divina. Los principios del libro que tienes en tus manos realmente funcionan. Otoniel logra sumergirnos en la atrapante historia de José y redescubre secretos escondidos, gemas y riquezas que a muchos se nos ha pasado por alto al leer una y otra vez la famosa biografía del hombre que administró los graneros de Egipto.

Ahora que lo pienso, Otoniel tiene muchos puntos en común con el protagonista estelar de este libro. El también es un soñador y como somos amigos hace muchos años, me consta que en muchas ocasiones le envidiaron su túnica de colores. Y obviamente, yo fui testigo cuando lo arrojaban en una cisterna por ser demasiado emprendedor, demasiado arriesgado para una tradición que no soportaba los cambios repentinos y tenían cierta repulsión solapada hacia los pastores que por alguna caprichosa razón divina, cuentan con el favor de Dios. Pero Otoniel, al igual que José, no permitió que su corazón se contaminara, preservó la pureza de su llamado por encima de los avatares que le causó portar una túnica diferente. Y cuando llegó el momento abrió los graneros y alimentó al Reino, y allí estaban todos: los que somos sus amigos desde siempre, los que lo descubrieron hace poco mirando su programa de televisión o leyendo uno de sus libros y aquellos que alguna vez tuvieron celos de sus sueños.

Celebro esta nueva obra de Otoniel y te invito a sumergirte en la casi cinematográfica historia de José, pero visto desde un punto totalmente revelador a través de la pluma del autor.

Presiento que "De un sueño al palacio" será uno de esos pocos libros en los que uno medita por muchos años luego de haberlo leído. Disfruta del cuadro del verdadero éxito, plasmado con la pasión que solo poseen aquellos que lo han vivido.

—DANTE GEBEL

INTRODUCCIÓN

DURANTE EL VERANO del año 2008, Dios me llevó a revisar algunas de las palabras proféticas que varios ministros me habían dado. Antes de continuar, deseo aclarar que aunque creo en el ministerio profético, soy muy cauteloso con las profecías. Dios es claro en su Palabra cuando dice que examinemos a los profetas. Soy fiel creyente de que la palabra profética más segura es la Palabra de Dios. No acostumbro a buscar profecías como instrumentos que confirmen la Palabra que Dios ya me ha dado. Sin embargo, creo que Dios, en momentos específicos, trae gente a tu vida con una palabra que te marca para siempre.

Ése fue el caso de la palabra que la profetisa Cindy Jacobs compartió conmigo. Siendo una mujer que no me conocía, Dios la dirigió a darme esta palabra: *"El Señor me muestra que usted ha pasado por una gran tormenta y el Señor dice que Él va a traer paz a su tormenta. Y aún ahora, usted está en medio de unas situaciones y usted dice: 'Señor, yo no sé lo que voy a hacer'. Pero el Señor le dice: 'Yo voy a hablar paz, voy a traer tal paz'. Y el Señor dice que lo imposible se va a volver posible. Y yo veo que hay mucha presión y es tan fuerte, y usted dice: 'Yo no sé lo que voy a hacer'. Y el Señor le dice: 'El dinero viene en camino'. Y el Señor dice: 'Usted ha creído por mucho tiempo. Yo voy a enviarle gente que va a creer con usted. Yo voy a mandarle gente que crea con usted'. Y el Señor quiere decirle que Él va a hacer algo nuevo. El Señor le dice, hijo, que usted va a levantar un ejército. Yo le estoy dando la unción para levantar un ejército".*

Luego me dijo, específicamente, que Dios nos daría influencias sobre los "José" y que Dios levantaría una compañía de "José". Una vez más se dirigió a mí y me dijo: *"No has soñado todavía muy grande. Dios va a traer gente que va a soñar contigo, Dios va a traer gente que va a creer contigo. Hay una compañía de 'José', un ejército de 'José' que se va a levantar y tú vas a tener mucha influencia".*

Recibí esta profecía en mi espíritu porque está perfectamente en línea con nuestro llamado. Yo creo con todo mi corazón que tengo que ser honesto y verdadero con la unción que Dios ha depositado en mí. Definitivamente, Fuente de Agua Viva, la iglesia que pastoreo en Puerto Rico, ha sido utilizada por Dios a través de los tiempos, para impartir sueños grandes en el área de libertad financiera y prosperidad.

Hemos sido llamados a levantar las conciencias sobre la verdad bíblica de que Dios quiere que sus hijos prosperen. El que te diga lo contrario te está mintiendo. Jesús vino para darte vida y vida en abundancia. Cuando alguien me critica por el mensaje de prosperidad, yo le recuerdo que si no hay prosperidad, no podemos impulsar el reino de Dios a nuevos niveles de manifestación. Si Dios no te prospera, no puedes ayudar a aquellos que están necesitados. Dios siempre ha levantado hombres y mujeres, a través de quienes Él pueda bendecir a su pueblo. Una de las promesas que Abraham creyó para su vida fue que Dios le bendeciría para ser de bendición. Dios quiere que tú seas próspero. Por esta razón, Dios cuidó de la vida de un joven llamado José. Si Dios no hubiera levantado a José, el sueño de Dios para la nación de Israel hubiera terminado.

*Si Dios no te prospera, no puedes ayudar
a aquellos que están necesitados*

Todas las generaciones experimentan momentos de dificultades económicas. En el libro de Génesis, capítulo 26, la Palabra de Dios nos dice claramente que hubo hambre tanto en los tiempos de Abraham como en los de Isaac. Esta descripción es importante porque el problema que estaba experimentando Isaac fue el mismo que experimentó su padre Abraham, en otra época.

Más adelante, cuando nos adentremos en el estudio de la vida de José, nos daremos cuenta de que la familia de Jacob también experimentó un tiempo de escasez. Lo que deseo que observes es que cada una de las generaciones tuvo que enfrentarse a un tiempo de necesidad y escasez. Lo interesante es que para todas las generaciones, Dios tuvo respuestas distintas.

Me explico. Cuando Abraham experimentó un tiempo de hambre, Dios le permitió ir a Egipto. Cuando Isaac experimentó un tiempo similar, intentó hacer lo que su padre hizo, pero Dios no se lo permitió. Dios le prohibió a Isaac bajar a Egipto. Dios le dijo que habitara en Gerar y que allí Dios le prosperaría. Dios recompensó la obediencia de Isaac, haciéndolo el hombre más rico en su región. Nota que es el mismo problema, pero con una solución diferente. Resulta muy interesante el hecho de que antes de que Jacob experimentara un tiempo de escasez, Dios llevó a José a Egipto, y lo posicionó en el lugar correcto para salvar a su familia.

Dios quiere hacer esto contigo. Dios quiere posicionarte en el lugar correcto, donde puedas ser la solución para el problema de otros. Por eso es que tienes que prosperar y levantarte, para que se cumpla el sueño de Dios a través de ti.

Creo con todo mi corazón que estamos en una nueva época, una nueva dimensión, en la que Dios está conectando a un grupo de personas soñadoras, que pueda ver más allá de las circunstancias y se pueda levantar en medio de las crisis para cumplir el sueño eterno de Dios.

Si tenemos que esperar a que las cosas cambien para levantarnos, estamos esperando que se acomode primero el mundo natural, para entonces nosotros creerle a Dios. Nosotros no hemos sido llamados a hacer eso. Todo lo contrario.

Hemos sido llamados a cambiar las circunstancias, mediante la Palabra de Dios.

En este libro, comparto una revelación que he sentido llamar *De un sueño al palacio*, porque estoy totalmente convencido de que en este tiempo, Dios va a levantar un ejército de "José", formado por gente que va a soñar en grande. Creo que el Cuerpo de Cristo se va a convertir en una fábrica de sueños, una fábrica de visiones, una fábrica de intervención divina sobrenatural, a través de la cual Dios desatará un nuevo nivel de su unción.

Este ejército enlistará personas que, aún atravesando las peores circunstancias, tienen sueños y están determinadas a verlos convertirse en realidad. Debes entender que si Dios puso este libro en tus manos es porque Él quiere impartir a tu vida una unción de libertad financiera, de prosperidad, de comenzar a soñar. Dios va a comenzar a ampliar tu entendimiento, tu conciencia, y vas a empezar a ver cosas que jamás habías visto.

La mayoría de nosotros conoce la historia de José y lo admiramos porque nos podemos identificar con él. Sin embargo, mucha gente se enfoca únicamente en el aspecto de cómo José salió de la cisterna y fue llevado al palacio. Ellos pasan por alto la parte más importante, que fue el proceso por el cual Dios llevó a José a alcanzar su destino.

Lo primero que tienes que entender es que la prosperidad es un proceso. José es el ejemplo de este proceso. Dios no llevó a José del hoyo al palacio en veinticuatro horas.

Dios fue preparando a José, a través del mismo proceso que tendremos que pasar cada uno de nosotros si queremos alcanzar los sueños que Él nos ha dado. Este proceso consta de cinco etapas que vemos claramente demostradas en la vida de José:

1. Tener un sueño
2. Hacer prosperar todo lo que está al alcance de la mano
3. Desarrollar buenas relaciones
4. Depender totalmente de Dios
5. Sanar y liberar el corazón

Cuando aceptamos a Cristo como nuestro salvador, nace en nosotros el deseo de prosperar y progresar. El problema surge cuando algunos espiritualizan sus sueños, como excusa para no tener que pasar por todo el proceso que se requiere para alcanzarlos. El tratar de omitir las etapas necesarias en tu vida es como tener un hijo prematuro. Una criatura que no pasa por todo el proceso de crecimiento y el tiempo de desarrollo que necesita, tiene menos probabilidades de sobrevivir. Él tiene que batallar por sí mismo con muchas cosas de las que estaba siendo cuidado en el vientre de su madre.

Sé que, en este momento, todo lo ves oscuro y no entiendes lo que está pasando, pero en su tiempo verás todo lo que Dios te ha prometido. A través de este libro, pretendo que entiendas que pagar el precio del proceso te será más económico y productivo, que el precio que tendrás que pagar si intentas obviar el proceso.

Hay una gran diferencia entre el éxito que experimenta un creyente y el éxito de aquellos que todavía no se han acercado a Dios a través de su hijo, Jesucristo. La diferencia es que los creyentes no tienen que pagar el precio que el mundo paga. Para alcanzar sus sueños, muchos pierden sus familias, su salud, y algunos hasta la mente. Cuando Dios es parte del proceso en nuestras vidas, la Palabra de Dios nos dice que la bendición que Él nos da es la que enriquece y no añade tristeza con ella.

Dios quiere cumplir sus sueños a través de ti, y al mismo tiempo cumplir los tuyos. Dios te ha dado la capacidad de vencer todas las circunstancias a las que te enfrentarás. Mientras más rápido aprendas la lección que éstas quieren darte, más rápido podrás moverte al próximo nivel. Espero que estés dispuesto a vivir cada etapa hacia la manifestación de tu sueño, para que logres llegar al palacio.

Capítulo 1

¿QUÉ ES UN SUEÑO?

"...José, siendo de edad de diecisiete años, apacentaba
las ovejas con sus hermanos; y el joven estaba con
los hijos de Bilha y con los hijos de Zilpa, mujeres de
su padre; e informaba José a su padre la mala fama
de ellos. Y amaba Israel a José más que a todos sus
hijos, porque lo había tenido en su vejez; y le hizo
una túnica de diversos colores. Y viendo sus hermanos que su padre lo amaba más que a todos sus
hermanos, le aborrecían, y no podían hablarle pacífi-
camente. Y soñó José un sueño" (Génesis 37:2-5).

L A PRIMERA ETAPA en la vida de José fue que tuvo un sueño. Dios depositó en él un sueño. Ésta es la primera etapa por la que tiene que pasar cualquier persona que quiere prosperar: la etapa de soñar. José no sueña un sueño por casualidad. Hay *cinco* cosas que ocurrieron en la vida de José, que provocaron que él soñara de esta manera. Hubo cinco condiciones que propiciaron que José pudiera soñar.

1. José era hijo de un soñador. Jacob, el padre de José, pasó por una época desastrosa, cuando perdió todo lo que tenía. Cuando dormía, tenía pesadillas. Pero en el peor momento de su vida, Jacob, en vez de tener pesadillas, tuvo un sueño. Un soñador se reproduce en otros soñadores. Así mismo, José heredó de su padre su disposición de soñar.

2. José sabía que su nacimiento era un milagro. El nacimiento de José fue un milagro porque su madre, Raquel, era una mujer estéril, según lo revela Génesis 29:31. Sin embargo, en Génesis 30: 22-24, vemos la manifestación del milagro de fertilidad en su vida.

3. José había experimentado el amor de su padre. La Palabra de Dios dice que Jacob amaba a José por encima de todos sus otros hijos.

4. José había visto la manifestación externa del amor de su padre, cuando éste le regaló la túnica de colores. José se sentía amado y celebrado. Cuando profundizamos en esta fascinante historia, descubrimos que el momento en que el padre de José le regala la túnica de muchos colores, se marca una nueva etapa en la vida de este joven. José no sólo se sentía amado por su padre, sino que a partir de ese evento se sintió celebrado y afirmado. Este acto tuvo como resultado que José comenzara a soñar.

5. José sabía que él tenía un don especial. Los sueños que Dios le había dado a José habían despertado en él una capacidad extraordinaria de soñar e interpretar los sueños. Más adelante, veremos cómo Dios puso ese talento en la dirección correcta para que José alcanzara su destino.

Los padres tenemos una responsabilidad muy grande. No sólo estamos llamados a amar a nuestros hijos, sino también somos responsables de desarrollar en ellos una saludable autoestima. Nosotros debemos ser siempre los primeros en admirarles, celebrarles, reconocer sus talentos y dones, así como ayudarles en sus debilidades.

Es vital que como padres reconozcamos que cada hijo es diferente. Uno de los problemas que tienen las familias hoy día, es que tratan a todos sus hijos por igual. Se convierten en familias socialistas y comunistas. Aunque parezca una declaración chocante para algunos, Dios no es ni socialista ni comunista. "Pastor, ¿por qué usted dice eso?" Porque si Dios nos tratara a todos igual, si Él le diera a todo el mundo la misma recompensa, ¿qué beneficio tendría servirle a Él? Si yo voy a darle lo mismo al hijo que obedece como al que desobedece, ¿qué beneficio tiene obedecer? Es mi deber demostrarle a mis hijos que todos tienen la misma posibilidad. Pero también deben saber que, de mi parte, recibirán la debida recompensa de acuerdo a su conducta.

José, como hijo, no era igual a sus hermanos. Además de nacer en una etapa diferente en la vida de Jacob, se hizo especial porque cuidaba de las cosas que le pertenecían a su padre. El trato especial que José se ganó, lo preparó para tener grandes sueños. Por eso, la condición de ser amado y celebrado hace la diferencia en el ser humano.

Si no cumpliste o no cumples con esas condiciones necesarias para soñar, no significa que no eres un candidato para convertirte en un soñador como José. Si en tu caso careciste del reconocimiento o la afirmación por parte de tus padres o figuras de autoridad, hoy la puedes recibir de parte de tu Padre celestial. Entiende que tu vida es un milagro de Dios (antes de que nacieras, Él te creó), que su amor te cubre, que Él corona tu vida de favores y misericordias, y que Él te ha regalado dones y talentos que tú debes descubrir. Graba en lo más profundo de tu ser que eres amado por tu Padre celestial.

Cuando un hijo se siente amado y respetado por su papá, se olvida de que los demás le odien, y se dice a sí mismo: "Mi papá me ama, mi papá me quiere, mi papá me acepta, me celebra y me admira". Si por el contrario, un hijo carece del amor y el respeto de su padre, no debe pensar que será un desgraciado toda su vida. El salmista David dijo: *"Aunque mi padre y mi madre me dejaran, con todo, Jehová me recogerá"* *(Salmo 27:10).*

El amor perfecto es el de nuestro Padre celestial y Él ha prometido estar con nosotros siempre, hasta la eternidad.

¿Qué mejor expresión de amor que dar a su único hijo para morir por ti en la cruz del calvario? Él te dice: "Te amo tanto, que estoy dispuesto a entregar lo mejor de mí para hacerte especial; te voy a poner una túnica de muchos colores". Lo único que tú tienes que hacer es recibir ese amor y ese deseo de admiración de parte de Dios. Entonces algo se va a levantar en ti y vas a comenzar a soñar. El sueño es una de las cosas más grandes que Dios pone en ti cuando tú recibes su amor.

Cuando una persona se siente amada por Dios, comienza a soñar y se le abre un mundo de posibilidades. Camina diferente y comienza a ver cosas que antes no había visto. Lo que tiene en su mente ya no es una meta, sino un sueño. Una meta se puede alcanzar en un mes o en un año, con esfuerzo humano y planificación. Un sueño es algo que te apasiona todos los días y que es producto del amor de Dios hacia ti. Es aquello que, sin la intervención divina y bajo tus circunstancias naturales, no podrías alcanzar.

Mientras lees este libro, yo declaro que el amor de Dios transforma tu corazón y Él te viste con una túnica de muchos colores. Dios te dice: "Eres amado, eres amada, comienza a soñar, comienza a mirar cosas más grandes". Conviértete en una fábrica de sueños; no de metas. Dios va a poner nuevos sueños en tu vida, sueños grandes, sueños poderosos. Aún aquellos sueños viejos que habías olvidado, volverán a nacer.

*Un sueño es algo que te apasiona
todos los días y que es producto
del amor de Dios hacia ti.*

Capítulo 2

DIFERENCIAS ENTRE UN SUEÑO Y UNA META

En el capítulo anterior mencionamos las *cinco* condiciones indispensables en la vida de José, para comenzar a soñar. Si una de ellas no está presente, los sueños se pierden y solamente tenemos metas.

El soñar es una capacidad que Dios le regaló al ser humano. Cuando éramos niños, se nos hacía fácil soñar porque nuestra mente no estaba adulterada por las circunstancias de la vida. Éramos libres para pensar en cosas grandes, para creer, para soñar. Sin embargo, al pasar de los años, las experiencias de vida van frustrando nuestra capacidad y deseo de soñar. Cuando eso ocurre, dejamos atrás nuestros sueños y sólo pensamos en tener metas. Así nos limitamos a lo que nos parece humanamente posible, y perdemos la perspectiva de que una meta no es lo mismo que un sueño.

Una distinción entre una meta y un sueño es que la meta te cambia sólo a ti; mejora solamente tu vida. El sueño, por el contrario, mejora la vida de todo el que te rodea. Por ejemplo, un sueño sería que Dios te dé una casa, la saldes, y en el momento en que tus hijos se casen, tú puedas regalarle una casa a cada uno de ellos.

Un sueño sería no tener que vender tu casa para comprarte otra, sino que Dios te dé la capacidad de saldar la que tienes, comprarte una más grande, y entregarle a alguien la llave de la casa anterior. ¿Ves la diferencia? Un sueño no sólo cambia tu vida, sino la vida de alguien más.

Las metas, por su parte, lo único que cambian es tu situación presente. Metas son decisiones o peldaños que quieres alcanzar en tu vida para cambiar la situación en la que te encuentras hoy. Por más a largo plazo que sean tus metas, tienen unas características diferentes a un sueño. Por lo general, muchas metas las puedes alcanzar sin Dios. Un sueño tiene una característica diferente; es algo que sólo Dios te puede dar.

Tener mucho dinero o convertirte en un millonario no es un sueño porque, por fuerte que suene, se puede tener dinero sin la ayuda de Dios. Para obtener dinero en el mundo secular, sólo tenemos que aplicar ciertas leyes o principios económicos que producen finanzas. El mundo está lleno de gente con dinero que no tiene a Dios en su corazón. Por supuesto, la vida de estas personas está incompleta. Carece de verdadero sentido porque eso sólo se puede encontrar en una relación con el Señor. Querer tener dinero sin Dios carece de verdadero propósito y sentido. Es tratar de lograrlo por nuestras propias fuerzas, pero es posible. Cuando pretendemos tener dinero sin contar con Dios, lo que perseguimos es tan sólo una meta.

De ninguna manera estoy menospreciando la importancia de las metas. Necesitamos tener ambas cosas: sueños y metas. Es importante la determinación de metas porque nos permiten medir nuestro progreso y darnos cuenta de si vamos en camino a nuestros sueños. Lo único que deseo que entiendas es que las metas son muy diferentes a los sueños. Dentro de las metas, necesitamos establecer metas a corto plazo y metas a largo plazo. Si no sabes lo que deseas alcanzar para el año próximo, no sabrás cómo acercarte más al sueño que Dios tiene para tu vida.

Presta atención a un detalle importante: tú trabajas con tus metas, Dios trabaja con tus sueños. No necesitas a Dios para la mayoría de las metas que te has propuesto. Sin embargo, el sueño que Dios ha depositado en ti no se hará realidad sin su intervención. Esa es la diferencia más grande entre las metas y los sueños.

Si yo le pregunto a alguien: "¿Cuál es tu sueño?", mucha gente me hablará de sus metas. Entonces cuando miro sus metas, me doy cuenta de que son cosas que pueden cumplirse con Dios o sin Él. Claro está, hará falta un esfuerzo extra, desarrollar disciplina, ser perseverante, pero al final la persona lo podrá alcanzar. ¿No es esto lo que vemos a diario a nuestro alrededor? Gente sin Dios que alcanza sus metas porque tienen una actitud positiva.

Las metas son producto de nuestra mente, intentando hacer nuestra vida un poco más cómoda. Muchas veces son producto del deseo de cambiar las circunstancias presentes por unas mejores, o de frustraciones momentáneas. Por ejemplo, si en un momento dado te mides una pieza de ropa y te das cuenta de que no te sirve, tienes dos opciones: frustrarte o proponerte rebajar. En otras palabras, la meta de rebajar cambiaría la circunstancia presente de que no te sirve la ropa.

Los sueños son producto del espíritu afirmado por Dios, que nos dice: "Yo te he puesto una túnica de muchos colores y te he hecho diferente a los demás. Tú te has hecho especial para mí. Tú tienes un amor por las cosas que ninguno de los otros hijos ha mostrado. Tú cuidas, tú sales al campo, pero sales al campo y sales a cuidar lo que es mío".

Es importante que no confundamos las metas con los sueños. No llames "sueños" a tus metas. No trates de evadir tu responsabilidad, espiritualizándola con que Dios te va a dar aquello que realmente es tu meta personal. Un sueño es algo que, por ti mismo, nunca podrías lograr. Para hacer realidad un sueño, Dios tiene que estar en la ecuación. Después de todo, Él es quien pone el sueño en tu espíritu y mente porque, mediante su cumplimiento, Él tiene el propósito de alcanzar a más personas a través de ti.

Para que lo entiendas mejor, cuando tú piensas en tus sueños, lo primero que te dice tu mente es: "Si Dios no hace esto...no sé cómo va a ocurrir". Yo sé que una persona tiene un sueño cuando sus recursos y circunstancias no son *congruentes* al sueño. Es decir, que humanamente no me puedo imaginar cómo Dios va a hacer para que esa persona alcance lo que sueña. Ése es un sueño de Dios, y ese sueño únicamente es producto del amor del Padre.

Para hacer realidad un sueño, Dios tiene que estar en la ecuación.

Nosotros tenemos que aprender esa gran diferencia. Tenemos que ir más allá de lo que generalmente pensamos y el mundo hace. Por eso es necesario que asistas a la iglesia, leas la Palabra del Señor, ores y escuches su voz. Tienes que hacerlo para que Dios te vista con una túnica de muchos colores por causa de ese amor que sientes, tu mente se expanda, y comiences a ver cosas que antes no habías visto.

Capítulo 3

EL SUEÑO EN DOS DIMENSIONES

*"… Y él les dijo: Oíd ahora este sueño que he soñado:
He aquí que atábamos manojos en medio del campo, y
he aquí que mi manojo se levantaba y estaba derecho,
y que vuestros manojos estaban alrededor y se inclinaban al mío. Le respondieron sus hermanos: ¿Reinarás
tú sobre nosotros, o señorearás sobre nosotros? Y le abo-
rrecieron aún más a causa de sus sueños y sus palabras.
Soñó aún otro sueño, y lo contó a sus hermanos, diciendo:
He aquí que he soñado otro sueño, y he aquí que el sol
y la luna y once estrellas se inclinaban a mí. Y lo contó
a su padre y a sus hermanos; y su padre le reprendió,
y le dijo: ¿Qué sueño es este que soñaste? ¿Acaso ven-
dremos yo y tu madre y tus hermanos a postrarnos
en tierra ante ti? Y sus hermanos le tenían envidia,
mas su padre meditaba en esto"* (Génesis 37: 6-11).

LOS SUEÑOS TIENEN que ser vistos en dos dimensiones. Volvamos a ver la historia de José. Él soñó dos veces. Dios le presentó un mismo destino en dos sueños diferentes: el mismo destino en dos niveles. Primero lo vio en el mundo natural, a través de los manojos que se inclinaban delante de él. Luego Dios le presentó el mismo destino, esta vez en el mundo espiritual, a través de las estrellas.

Esto es de vital importancia para poder entrar en el destino que Dios ha intencionado para nosotros. El nivel espiritual de un sueño, aunque al principio no lo podamos comprender en su totalidad, es lo que muestra el deseo divino o lo que Dios ha intencionado para nuestras vidas. Es lo que nos lleva a vivir por encima de las circunstancias presentes y permite que tengamos las fuerzas necesarias para el proceso.

Abraham tuvo una experiencia similar cuando Dios le mostró, en dos visiones, el plan que tenía con él. Le dijo que sus hijos serían como el polvo de la tierra y como las estrellas de los cielos. Presta atención al hecho de que una de las visiones utiliza una imagen natural: el polvo de la tierra. La segunda es una imagen espiritual: las estrellas del cielo. Los sueños necesitan ser elevados del mundo natural al mundo espiritual. Hay que entender que Dios siempre tiene un propósito eterno. El cielo representa ese propósito eterno detrás de todo lo que Dios te quiere dar.

Por ejemplo, una persona puede tener la meta de tener dinero. Elevemos esta meta a un sueño terrenal: tener dinero para cambiar la situación de mi familia. Ése es el primer sueño de los manojos. Elevemos esto a un sueño divino: tener dinero porque en mí serán benditas todas las familias de la tierra. Son dos niveles diferentes. En el primero no necesitas a Dios; se puede obtener por otros medios. El segundo nivel, el más alto, sólo se alcanza con la intervención de Dios porque es el sueño divino. Más aún, el segundo nivel te muestra lo que Dios quiere hacer a través de ti. Éste es el nivel que te muestra realmente que Dios tiene un plan más grande del que tú puedas haber imaginado.

El sueño natural

Dios siempre te va a hacer soñar primero desde un plano natural porque ese primer sueño que Dios deposita en el hombre es el sueño de conquistar la tierra. Los primeros sueños son producto del deseo divino de conquistar las circunstancias terrenales a las que nos enfrentamos.

José tenía problemas con sus hermanos. No era apreciado ni respetado por ellos. El primer sueño que él tiene es uno que demuestra que algún día conquistaría aquello que le era de tropiezo y estorbo. Un día, sus hermanos, aquellos que le molestaban, se inclinarían ante él. Algún día, él sería capaz de conquistar aquello que lo estaba conquistando a él. Estoy seguro de que has experimentado situaciones en tu vida que te han inspirado a soñar. Has creído que podrás tomar autoridad sobre aquellas cosas que hoy parecen tener control de tu vida. Por ejemplo, has tenido el sueño de prosperar para nunca más experimentar la pobreza en la que has vivido. Comienzas a soñar. Sueñas con tener una familia feliz. Sueñas que logras someter todas tus frustraciones. Sueñas que la tierra se doblega ante ti.

El sueño de Dios

¿Cómo sé si mi sueño proviene de Dios? Cuando Dios lo eleva al próximo nivel. Me explico. José, ante la crítica de sus hermanos, se acuesta a dormir y tiene un segundo sueño. En éste, él ve que los cielos se abren, y las estrellas, el sol y la luna se doblegan ante él. Esta vez, Dios le estaba diciendo: "José, tú piensas que lo único que te quiero entregar es la tierra, pero no se puede hacer nada en la tierra que no se haya hecho primero en los cielos". Después de cada sueño natural, tiene que haber un sueño con propósito divino.

Un sueño no es un sueño divino hasta que puedes ver los cielos abiertos delante de ti y lo que Dios quiere alcanzar a través de ese sueño. Quizás tu sueño consiste en ver los manojos doblegarse delante de ti, pero el sueño de Dios es entregarte en los cielos algo más grande de lo que tú pensabas. Ése es el sueño divino. Lo mismo le ocurrió a Abraham. Dios le dijo primero que su descendencia sería como el polvo de la tierra, pero más adelante le dijo que abriera su tienda, mirara hacia los cielos, mirara las estrellas, y así sería su descendencia.

Lo que Dios le estaba diciendo era: "No te enfoques únicamente en lo que va a ocurrir en el mundo natural o en cómo tus circunstancias van a cambiar. Entiende que aunque ciertas cosas van a ocurrir en el mundo natural a causa del sueño que Dios te ha dado, aún hay algo más grande, y son las estrellas".

Dios le estaba diciendo a Abraham: "No te enfoques en el hijo que deseas porque lo vas a tener. Pero yo tengo algo más grande para ti y es que en ti sean benditas todas las familias de la tierra".

Un sueño no es un sueño divino hasta que puedes ver los cielos abiertos delante de ti y lo que Dios quiere alcanzar a través de ese sueño.

Dios tiene algo más grande para ti que el nivel natural de tu sueño. Si no puedes verlo ni entenderlo, todavía no has llegado al nivel de recibir el poderoso sueño que Dios quiere manifestar a través de ti. Tú tienes que ver las ventanas de los cielos abiertas sobre tu vida. Entiende que con esos sueños de tener una casa, levantar un negocio, ser libre de deudas y prosperar, Dios quiere alcanzar algo más grande: darte los cielos.

Lo que Dios hace, a través de los sueños, es demostrarte su amor y mostrarte su propósito divino. Fíjate que José soñó que sus hermanos se doblegarían delante de él, pero el propósito real de Dios era preservar la vida misma de sus hermanos. El sueño de Dios para Abraham no era darle muchos hijos naturales, sino darle muchos hijos espirituales. Así que vemos que no es únicamente que la tierra se someta a nosotros, sino que la tierra pueda ser bendecida a través de nosotros.

*Dios tiene algo más grande para ti
que el nivel natural de tu sueño.*

La base de todo sueño es el amor de Dios. Cuando te sientes amado, tu mente y tu corazón se abren, y comienzas a ver cómo la tierra se doblega delante de ti. Cuando la tierra o la gente te diga: "No lo vas a hacer" o "No lo vas a lograr", es tiempo de acostarte y soñar un sueño más grande. ¿Qué significa esto, realmente? Cuando sientes que Dios te ama, te atreves a soñar con un mejor futuro y empiezas a ver cómo todo a tu alrededor parece ponerse a tu favor para lograr ese sueño. Entonces se inicia la oposición de tu familia y de otra gente. Hasta tu mente te empieza a sabotear y te intenta hacer creer que tu sueño es imposible de lograr.

En ese momento, vuélvete a Dios y sueña con algo mayor. Tu nuevo sueño tiene que ser más poderoso. Es vital que entiendas que si ese sueño te lo dio Dios, es porque Él quiere algo más grande para ti. Entonces cuando te levantes de ese sueño, verás las estrellas. Te elevarás al nivel espiritual y verás el verdadero propósito e intención de Dios.

Hay mucha gente que se siente amada por Dios y ha aprendido a soñar, pero cuando llegan las objeciones de los demás, se paralizan. Son los que dicen: "Es que yo quisiera que la gente entendiera lo que Dios me está diciendo". Permíteme decirte que esto no funciona así. La gente no tiene que entender. Tú no tienes que buscar ni esperar la aprobación ni la opinión del mundo. Cuando Dios te da un sueño, es a Dios a quien tienes que escuchar, es a Dios a quien tienes que seguir y es su guía lo único que necesitas. La vida no es un concurso de popularidad; es un recorrido hacia todo lo que Dios nos ha prometido y es Dios el único a quien tenemos que complacer. Cuando estés ante esa disyuntiva entre tu sueño y la gente, ve y sueña un sueño más grande, y pídele a Dios que te abra los cielos.

Hay un plan divino detrás del
sueño que Dios te ha dado.

Hay un plan divino detrás del sueño que Dios te ha dado. Si piensas que el sueño es nada más que someter la tierra, te has quedado en un plano bajo. Dios tiene algo más grande que simplemente cancelar tus deudas. Dios te ve cancelando las deudas de otra persona. Dios tiene algo más grande que simplemente darte una familia buena y feliz. Dios quiere usarte a ti como un ejemplo para bendecir a miles de familias. Dios quiere hacer algo más grande que darte una empresa. Dios quiere darte una fábrica de empleos. Date cuenta de que son dos cosas diferentes. Todo el que levante una empresa simplemente pensando en recibir dinero y prosperar, se ha olvidado del propósito de Dios. Él necesita gente que sueñe con tener la capacidad de proveer empleos. Recuerda lo que dice la Palabra de Dios en Génesis 12:2: *"Y haré de ti una nación grande, y te bendeciré, y engrandeceré tu nombre, y serás bendición"*.

Capítulo 4

VIDA Y MUERTE DE LOS SUEÑOS

La Biblia nos muestra que los sueños pasan por etapas de vida y muerte. Dios le dio un sueño a José. Sin embargo, sus hermanos lo empujaron y cayó en el hoyo. El sueño parece morir. Entonces José vuelve a soñar. Lo rescatan del hoyo, se convence nuevamente de que Dios va a hacer algo con él y a través de él. Entonces los que lo rescatan terminan vendiéndolo y se convierte en un esclavo, un siervo. Lo impresionante es que siendo siervo, Dios lo empieza a prosperar.

Cuando todo comienza a verse estable, me imagino a José pensando: "¡Ahora sí que voy a mejorar, voy a ver mi sueño realizarse!" Pero ¿qué ocurre? Lo encarcelan. Aún estando preso, Dios le da favor y gracia con el carcelero y el copero. José se convierte en una pieza clave en la liberación y restitución del copero, a quien le había pedido que se acordara de él cuando volviera a trabajar para el Faraón. José recupera sus esperanzas y piensa: "¡Ahora sí!" Pero para colmo de males, el copero lo olvida y José permanece preso por dos años más en ese lugar. ¿Te das cuenta? El sueño de José parece morir una y otra vez.

Dependemos de nuestra entereza y fortaleza espiritual para mantener vivo el sueño que Dios nos ha dado. Tu sueño quizás ha pasado por la primera etapa de muerte y por la segunda etapa de muerte. Tienes que desarrollar en tu corazón el carácter de mirar a los cielos, ver más allá, y observar que el sueño no se puede morir porque tiene un propósito divino; un propósito especial más grande que el nivel natural de tu sueño.

Hasta aquí hemos aprendido que el sueño que Dios nos da tiene dos dimensiones: la natural y la divina. Esto no se queda aquí porque un día, Dios te va a pedir que tú mismo sacrifiques el sueño ya manifestado porque ningún sueño puede crecer hasta ser más grande que Dios.

Permíteme explicarte mejor. Dios ama a Abraham, le da un sueño, lo bendice y lo prospera. Lo lleva al valle de los reyes, a una reunión donde se encuentra con Melquisedec y le entrega sus diezmos. Después, Dios le da un sueño y le promete que tendrá descendencia. Cuando Dios le promete que va a tener un hijo, tanto él como Sara estaban fuera del tiempo natural de procrear. Ésa es la primera muerte del sueño de Abraham.

"¿Cómo el sueño va a hacerse realidad si todo está muerto a mi alrededor?", se preguntó Abraham. La mayoría conoce la historia. Abraham logró tener al hijo de la promesa, Isaac. Cuando nace Isaac, que es el sueño natural, Dios le pide a Abraham que lo sacrifique. ¿Por qué? Porque Isaac no podía ser más grande o importante que el Dios que se lo había dado.

El sueño que Dios te dio no puede llegar a ser más importante que el Dios que te lo dio. El día que tu sueño sea más grande para ti que Dios, comenzarás a tener faltas de carácter que destruirán tu sueño. La consecuencia de que tu sueño se destruya por una falta de carácter no es igual a la consecuencia de que, en obediencia a Dios, tú sacrifiques tu sueño. El entregar a Dios tu sueño te prepara para recibir la manifestación del gran sueño de Dios. Una falta de carácter puede devastar tu vida.

Hay gente que le pide a Dios que resucite sus sueños, cuando ellos mismos son quienes los han destruido por su falta de carácter. Si ellos hubieran sacrificado a Isaac (su sueño) primero, hoy su sueño estaría vivo y hubiera alcanzado una nueva dimensión. En algunos momentos de nuestras vidas, se nos va a requerir que entreguemos nuestros sueños. Entonces nos ocurre algo sobrenatural. Dios los resucita, los prospera y, sobre todas las cosas, establece su plan eterno. Por eso es mejor obedecer a Dios y sacrificar el sueño, antes de destruirlo con nuestras propias manos.

*El sueño que Dios te dio no puede
llegar a ser más importante
que el Dios que te lo dio.*

Para sanar su corazón, José tuvo que sacrificar su sueño de ver a sus hermanos doblegados ante él. Las Escrituras nos relatan en Génesis 42:6 que *"...José era el señor de la tierra, quien le vendía a todo el pueblo de la tierra; y llegaron los hermanos de José, y se inclinaron a él rostro a tierra"*. Para hacer el cuento largo corto, Jacob envía a sus hijos a Egipto a comprar alimentos porque era el único lugar de abundancia en la tierra. Esto era así por causa de que José estaba allí, y todo lo que él tocaba, Dios lo prosperaba. Cuando él identifica a sus hermanos, comienza un proceso de acusación como si ellos hubieran entrado como espías. Él se pudo haber vengado y haberles hecho daño, pero como José estaba conectado con Dios, observa lo que sucedió: "*Y se apartó José de ellos, y lloró; después volvió a ellos, y les habló, y tomó de entre ellos a Simeón, y lo aprisionó a vista de ellos. Después mandó José que llenaran sus sacos de trigo, y devolviesen el dinero de cada uno de ellos, poniéndolo en su saco, y les diesen comida para el camino; y así se hizo con ellos*" (Génesis 42:24-25).

¿Te das cuenta de lo que verdaderamente ocurrió? José murió a su ego y a su sueño. Luego de esta humillación sincera, Dios le dijo algo así como: "Yo te di un segundo sueño, que era el que yo quería alcanzar. Ya tuviste el tuyo cumplido, ahora sacrifícalo, bendiciéndolos a ellos".

Los grandes sueños de Dios tienen que morir dos veces: una vez por las circunstancias y otra porque los entregas. Por eso muchas veces, cuando estás bien cerca de tu milagro o lo has alcanzado, Dios te va a pedir que hagas algo especial; que lo sacrifiques. Cuando estás cerca de alcanzar el sueño de una casa o ya lo lograste, Dios te va a pedir que des una buena ofrenda y mueras a esa casa. Cuando estás cerca de hacer muchas cosas en tu vida o crees haberlas alcanzado, de momento Dios te va a pedir que te muevas en otra dirección, hagas otras cosas y sacrifiques esos sueños. Cuando tú piensas que entraste en lo que Dios te prometió, Dios te dice que la dirección es otra. Dios te dio el placer de ver cumplido tu sueño o tenerlo muy cerca, pero Él te dice: "Ahora llegó el tiempo de ver cumplirse mi sueño".

Recuerdo cuando mi esposa y yo fuimos llamados a regresar a Puerto Rico a pastorear. Vivíamos en la ciudad de Orlando, en Florida, y recién habíamos comprado la casa de nuestros sueños. Teníamos el mejor terreno, en un excelente sector residencial. Yo me sentía que lo había alcanzado todo. La iglesia crecía, teníamos un canal de televisión, emisoras de radio, planos para construir, recibíamos invitaciones para predicar en diferentes lugares. Habíamos adquirido un edificio que íbamos a ampliar para tener un auditorio con capacidad para 1,500 personas. Todo parecía ir en la dirección correcta.

Cuando nos entregaron la casa y por primera vez entramos a ella, mi esposa y yo decidimos apagar los teléfonos celulares para disfrutar plenamente de ese momento, sin interrupciones. Recuerdo como si fuera el día de hoy, que por alguna razón sentí la urgencia de prender mi teléfono celular. Acto seguido recibí una llamada. Me estaban buscando para decirme que mi familia tenía que trasladarse para Puerto Rico. Por un lado, yo escuchaba a mi esposa hablando de las cortinas y la decoración que tenía en mente para la casa, y por el otro lado tenía una solicitud de traslado. Mientras la escuchaba hacer planes de decoración, yo pensaba con tristeza: "Ay, bendito, cuando ella sepa…" Sólo vivimos seis meses en aquella casa de nuestros sueños. Nunca tuvimos muebles, ni cortinas, ni mucho menos decoración. El día que la vendimos fue el día en que sacrificamos nuestro sueño.

Cuando estuvimos dispuestos a dejar ir lo que tanto habíamos soñado, Dios nos recompensó con una venta milagrosa, devengando una ganancia impresionante justo antes de que devaluara el mercado de bienes raíces en la Florida. Ahora nos quedaba sacrificar el sueño de continuar viviendo en los Estados Unidos cerca de nuestra familia, nuestra iglesia y tanta gente a la que amábamos. Te confieso que regresar a mi tierra a pastorear la iglesia que mi padre había fundado, con una congregación que me había visto nacer, y continuar la visión de otra persona fue el mayor sacrificio y más grande reto. Pero Dios nos ha dado la victoria en todas las áreas de nuestras vidas. Nuestro llamado ministerial ha alcanzado niveles mucho más altos de los que soñamos. Hoy día contamos con el apoyo de muchísimos ministerios locales e internacionales que han sido claves en el crecimiento de nuestra iglesia.

Tú y yo no nos podemos quedar únicamente en la primera etapa de nuestro sueño donde vemos la tierra conquistada. Si nos quedamos en esa etapa, estaremos destinados a tener que luchar para mantenernos conquistando esa tierra. Si entramos en el nivel de Dios donde podemos ver el propósito de Dios sobre nuestras vidas, Él se hará cargo de doblegar a nuestros enemigos y a todo aquello que trate de detener nuestro sueño.

Hazte las siguientes preguntas: ¿Cuál sueño Dios me está pidiendo que sacrifique? ¿A qué debo morir? ¿Será esto lo que no me permite continuar el camino hacia mi prosperidad? Tú eres quien sabe en qué momento estás. Todos estamos en diferentes etapas. Hay gente que no se siente amada, por lo tanto, no ha podido soñar. Lo que necesita es sentir el amor de Dios sobre su vida, para poder soñar con algo nuevo. Hay algunos que han visto sus sueños morir la primera vez, y las circunstancias les han hecho creer que no los van a poder alcanzar. Dile al Señor: "Padre, dame un sueño más grande que éste. Muéstrame el cielo, muéstrame lo que tú quieres hacer conmigo, muéstrame por qué un día tú me diste esta empresa. Muéstrame cuál es tu plan. Yo pensaba que era para que pudiera tener una casa, pero muéstrame cuántos empleados quieres que yo bendiga. Muéstrame cuántas cosas quieres que yo haga. Muéstrame cómo quieres que yo preserve tu voluntad aquí en la tierra".

En este mismo momento, tú puedes entrar en esa nueva dimensión hacia la realización de tu sueño. Un sueño divino es más que una casa, un carro, dinero, poder, admiración, talento. Pregúntate: ¿Qué es lo que Dios quiere hacer conmigo? Cuando sepas la respuesta, tienes que estar listo a sacrificar tu sueño manifestado, para que Dios cumpla en ti su sueño, que es mayor que el tuyo.

En el camino hacia ese segundo sueño, el de Dios, tienes que estar atento a no restarle el valor al primer sueño que se manifestó. Mucha gente no se da cuenta de que ya alcanzó ese primer sueño, porque no siente lo que pensó que iba a sentir cuando lo lograra. Tú sueñas con casarte y sueñas que vas a sentir algo maravilloso. Sueñas con la casa y los hijos que vas a tener, todo sin problemas. Entonces te casas y te sientes igual que siempre. Tienes hijos y experimentas los problemas que jamás anticipaste. Sueñas con tener una empresa, con las libertades y bendiciones que llegarán como resultado. Sueñas y dices: "Dios mío, cuando yo tenga eso, me voy a sentir así". Sin embargo, cuando llegas allí, no te sientes así, por cansancio, falta de apreciación porque ya tienes lo que querías, o por las objeciones del mundo y los problemas que a veces el triunfo trae consigo.

Tu mente y tu espíritu deben estar tan alineados, de modo que cuando logres tu primer sueño, te sientas gozoso, tengas conciencia del logro, te des cuenta de que andas de gloria en gloria, como Dios intencionó. Muy a menudo nuestra naturaleza humana le resta importancia a lo que alcanza porque ya lo tiene. No lo permitas. Tú eres hijo del Dios viviente y aunque sea por gratitud a tu Dios, no mires tus logros con indiferencia. A menudo, cada sueño trae su complicación en el mundo natural, pero tu gozo y tu conciencia de prosperidad tienen que estar por encima de eso. Cualquier complicación natural no debe interferir con tu momento de apreciar lo que alcanzaste, ni opacar su valor. Lo que es más importante: siente y expresa gratitud hacia Dios por la manifestación de tu victoria. Si te olvidas y no aprecias ni agradeces, corres el riesgo de perder la oportunidad de que Dios manifieste en ti ese segundo sueño que es lo que Él tiene predestinado para ti. Cuando se cumpla tu sueño, acuéstate y vuelve a soñar.

Sé que Dios me ha dado bendiciones que otros quisieran tener, pero las objeciones son tantas, que al acostarme a dormir muchas veces he querido dejarlas a un lado. En una ocasión le dije a mi esposa: "¿Sabes qué? Yo le he pedido a Dios que me dé un segundo sueño, que me abra los cielos.

Primero soñé que iba a recibir estas bendiciones, pero lo que vi fue los manojos doblegándose. Ahora yo le pido al Señor que me muestre las estrellas, que me muestre su plan divino, para poder sobrellevar todo lo que estoy atravesando".

Eso mismo le pido a Dios para ti. Le pido al Dios de lo imposible que te dé un nuevo sueño. Dios va a hacer cosas que parecen imposibles. Dios lo va a hacer posible en el nombre de Jesús.

Yo creo que el amor de Dios se va a mover en ti de una manera especial. Dios te va a hacer soñar otra vez. La pesadilla va a terminar.

Capítulo 5

¿QUÉ VA A PASAR CON TU SUEÑO?

"…Entonces José fue tras de sus hermanos, y los halló en Dotán. Cuando ellos lo vieron de lejos, antes que llegara cerca de ellos, conspiraron contra él para matarle.

Y dijeron el uno al otro: He aquí viene el soñador. Ahora pues, venid, y matémosle y echémosle en una cisterna, y diremos: Alguna mala bestia lo devoró; y veremos qué será de sus sueños" (Génesis 37:17-20).

Fíjate bien que sus hermanos querían ver qué iba a pasar con los sueños de José. Hay dos cosas que provocan envidia en la gente que está a tu alrededor: lo que tienes y lo que prometes tener. En la mayoría de los casos, la envidia será más por lo que ellos saben que puedes llegar a tener algún día. No sé si has tenido la experiencia de conocer a alguien a quien sabes que no le caes bien, pero no sabes por qué. Muchas veces ese tipo de persona no está molesta contigo, sino con lo que ve que puedes llegar a tener en tu futuro. Lo que pasa es que a menudo nosotros mismos no vemos lo que otros ven en nosotros, y no entendemos sus actitudes hacia nosotros.

Es por eso que la gente está pendiente a ver qué va a pasar con tus sueños. Quiere saber si se hará realidad lo que Dios te ha prometido. Necesitas reconocer esto para que puedas entender que el ataque de la gente no es personal. Es el miedo humano a que si tú tienes más, habrá menos para los demás. Ésas son las personas que te quieren quitar la túnica de muchos colores, te han tirado a la cisterna y han dicho que ya tú no vives.

Ellos no se dan cuenta de que cuando lanzan un ataque contra ti, lo hacen contra Dios mismo. Es Dios quien te ha dado esos sueños. Es Dios quien ha determinado bendecirte. Es Dios quien ha dicho que hará cosas grandes contigo. Ellos tampoco se dan cuenta de que con sus actitudes intentan quitarle a Dios el placer de prosperarte, bendecirte y llevarte a un nuevo nivel. No tomes los ataques como ataques personales. Entiende que sólo pretenden evitar lo que Dios ha dicho que hará contigo.

Si tú supieras el potencial que hay dentro de ti, te darías cuenta de por qué hay gente que no te soporta. Es cierto; no debería ser así. Cuando ves potencial en alguien, deberías unirte a esa persona. Deberías ayudar a liberar el potencial que ves en otros. La vida de cada uno sería más fácil si todos contribuyéramos a acelerar el proceso de cada quien, y el otro admitiera: "Yo sembré en su corazón para que alcanzara la manifestación de su potencial". Lamentablemente, la vida no es así. Quédate tranquilo. A pesar del desprecio del mundo, si Dios te ha marcado para la grandeza, nadie te podrá detener.

Es interesante la expresión que utilizan los hermanos de José: *"Vamos a ver qué será de sus sueños"*. Esta frase es de burla y menosprecio. Es probable que la hayas escuchado de algunos a tu alrededor que no pueden creer que Dios hará lo que te ha prometido. Lo que otros piensen no es relevante, a menos que tú le des importancia. Si permites que sus pensamientos influyan en tu vida, caerás en la trampa del enemigo. Sólo hay alguien que puede detener tus sueños: tú.

Si es triste cuando el mundo hace esa declaración refiriéndose a nosotros, más triste es cuando nosotros mismos la hacemos para describir nuestras vidas. ¿Cuántas veces has caído en situaciones que te han hecho preguntarte *qué será de tus sueños*? ¿Habrás caído en una cisterna donde lo único que haces es preguntarte qué va a pasar contigo. ¿Olvidaste lo que Dios te prometió?

No importa en qué hoyo hayas caído, Dios te va a levantar. No vas a morir en el lugar donde te dejaron para que murieras.

Lo que otros piensen no es relevante,
a menos que tú le des importancia.

Es un hecho conocido que el Senador John McCain, candidato republicano a la presidencia de los Estados Unidos durante las elecciones del año 2008, fue prisionero de guerra. Eso le costó, entre otras cosas, vivir con un brazo torcido por el resto de su vida. Al momento de las elecciones, este caballero tenía setenta y dos años. Sintonicé un programa de televisión donde él se presentaba, y le dije a mi esposa: "¿Tendré yo las fuerzas y el deseo ardiente, a los setenta y dos años, para perseguir un sueño tan grande como este hombre lo está haciendo?"

Piensa conmigo. Este hombre no estaba aspirando a ocupar cualquier posición. Su sueño era ser el presidente de una de las potencias del mundo. Luego de haber experimentado tantas tragedias en su vida, todavía tenía el deseo de luchar por un sueño que sólo unos pocos han alcanzado. Su tenacidad de perseguir ese sueño a su edad y con todo su pasado, fue un gran reto para mí. Me pregunto cuántos a sus cuarenta, cincuenta o sesenta años, sin haber pasado por el trauma que él pasó, no tienen un sueño; o cuántos hombres, más jóvenes que él, están muertos en vida.

Te pregunto, a esa edad, ¿qué estarás persiguiendo tú? ¿Permitirás que las circunstancias de la vida te detengan, o tendrás la valentía de perseguir tu sueño hasta tu último día? ¿Podrá Dios confiarte un sueño tan grande, que después de setenta y dos años todavía estés dispuesto a perseguirlo? ¿Serás capaz de mantener vivo el sueño después de tanto tiempo?

Vemos también el ejemplo del Presidente Barack Obama, un hombre que desafió todas las estadísticas para convertirse en el primer presidente afro-americano en la nación americana. Muchos pensaban que jamás lo lograría. Su vida fue amenazada desde el día que dijo que sería candidato a la presidencia. Cuentan que a partir de ese día el gobierno tuvo que asignar la más grande brigada de seguridad que candidato alguno haya requerido. Su vida corría peligro. Todo estaba en su contra. ¿Estarías tú dispuesto a seguir tu sueño, a pesar de las amenazas de muerte?

¿Cuántos de nosotros con mucho menos que estos problemas hemos dejado nuestros sueños en la cisterna? Nos hemos preguntado: "¿Qué pasará con mis sueños?" No te puedo contestar qué pasará. Pero sí te puedo recordar que tú sí puedes cumplir con las cinco condiciones requeridas para recibir un sueño de Dios. Quizás no has entendido que tu nacimiento es milagroso. No has entendido que tú no eres una coincidencia o casualidad de la vida. Por alguna razón, te has olvidado de que Dios te trajo a esta tierra con un propósito. Tal vez lo olvidaste porque papá no te quiso, mamá no te amó, el otro te abandonó. Te han dicho un montón de veces que eres un error o que no te estaban esperando. Esas palabras han quedado grabadas en tu mente y has perdido de vista que tú eres un milagro andante.

Quiero que entiendas, primero, que Dios escogió traerte al mundo en esta época y en este tiempo. Segundo, que aunque te haya faltado el amor de tus padres terrenales, el amor más grande que tienes es el de tu Padre celestial. La Biblia te dice que *"…de tal manera amó Dios al mundo, que envió a su Hijo para que todo aquel que en él crea no se pierda, mas tenga la vida eterna" (Juan 3:16).*

Tercero, entiende que Dios también te ha vestido con túnicas de justicia. Tan pronto tú aceptas a Cristo como salvador, Él cambia tus ropas de deshonra y tus ropas de pecado, por ropas de justicia. Él llegó a tiempo a tu vida y te ha vestido de honor y de gracia.

Cuarto, has olvidado que hay algo único en ti. Hay un don especial en ti. Cuando un hombre comprende estas cuatro cosas, su vida cambia.

Cuando aceptas a Cristo, puedes poseer todas estas cosas, independientemente de si tus padres te las proveyeron o no. Día tras día, Dios trabaja estas áreas contigo. Cada día Él te dice: "Tú eres mi milagro". Dios te muestra su amor todos los días. Por eso es que cuando una persona se convierte a

Cristo, se abre en su vida un mundo de posibilidades, y esa experiencia se llama "nacer de nuevo".

Comienzas de nuevo a soñar lo que puede ser tu vida. Te das cuenta de que ahora puedes alcanzar cosas nuevas. La sanidad de tu pasado consiste en atreverte a alcanzar tu futuro. La razón por la que Dios te da imágenes y sueños de tu futuro es porque ya nada se puede hacer con el pasado; ni siquiera Él puede. Lo único que Él hace es olvidarse de lo que quedó atrás.

Mira si esto es tan poderoso, que uno de los primeros atributos de Dios que nos revela su Palabra, es que Él es un Dios creador. Lo primero que leemos es *"en el principio creó Dios…"*. Lo primero que Dios quiere que tú sepas es que Él es el principio de toda creación. Por eso es que, constantemente, Él va a depositar en tu vida nuevas ideas para tu futuro.

La sanidad de tu pasado consiste en
atreverte a alcanzar tu futuro.

Cuando se alinean en tu vida esas cuatro condiciones para poder soñar, un mundo ilimitado se abre ante ti. Tú sabes a lo que me refiero porque estoy seguro de que has tenido momentos donde comienzas a ver estampas de lo que puede ser tu futuro. Son esas visiones las que nos brindan la oportunidad de traer sanidad a nuestros corazones. Dios te ha vestido de justicia. Él te ama y te ha hecho especial.

Aún sabiendo esto, puedes permanecer en el mismo sitio y recordar por qué no vas a alcanzar tus sueños. Puedes buscar todas las excusas por las cuales no podrás triunfar. Puedes echarles la culpa a otros y señalarlos como los responsables de tu fracaso. Puedes quedarte en el anonimato y no alcanzar para lo que fuiste llamado. Pero la Palabra del Señor dice en el libro de Joel 2:28-29: *"Y después de esto derramaré mi Espíritu sobre toda carne, y profetizarán vuestros hijos y vuestras hijas; vuestros ancianos soñarán sueños, y vuestros jóvenes verán visiones. Y también sobre los siervos y sobre las siervas derramaré mi Espíritu en aquellos días"*.

Dios dice que dará sueños a los ancianos y visiones a los jóvenes. Los jóvenes necesitan visiones para poder encaminarse y alcanzar los sueños. Los jóvenes con sueños, pero sin visión, fracasan porque no tienen dirección. Eso es lo que abunda hoy día: jóvenes con grandes sueños, pero huérfanos de mentores que les enseñen la dirección y que corrijan sus caminos. Dios dice que dará sueños a los ancianos para que entiendan que Él no ha terminado con ellos.

Dios dijo: *"Derramaré de mi espíritu"*. Hay algunos que piensan que la única señal de que el Espíritu ha sido derramado es hablar en otras lenguas. Según la Palabra de Dios, ésa es tan sólo la primicia. Un servicio donde Dios ha derramado su Espíritu no es tan sólo aquel donde se habla en otras lenguas, sino donde los que llegan reciben sueños o visiones.

Muchas veces, lo único que buscamos son las manifestaciones externas del Espíritu Santo, y olvidamos que Él se manifiesta de muchas otras maneras, entre otras, transformando tu interior para que te atrevas a soñar.

Una de las cosas a la que yo sé que Dios me ha llamado es a despertar el soñador en las vidas de muchas personas. Es poderoso ver a los paralíticos andar y a la gente testificar, pero yo le he pedido a Dios que en todos los servicios a los que yo asista, alguien acepte a Jesús como su salvador, y en alguien se despierte el soñador.

Le pido a Dios que despierte el sueño que está dentro de ti. Dios tiene algo más grande para tu vida. Todo lo que te ha ocurrido no cancela el futuro que Dios tiene para ti. Dios va a cumplir su propósito en tu vida.

¿Eres un soñador?

Ya entendiste que todavía estás a tiempo para soñar, a pesar de tus situaciones. Sin embargo, el verdadero soñador tiene unas características específicas. ¿Las tienes tú?

Primero: un soñador es sensible. Una de las características que se destaca en tu interior cuando comienzas a soñar es que te conviertes en alguien sensible. Comienzas a ver a Dios en todas partes y en todo lugar.

Segundo: todo soñador tiene la capacidad de adaptarse. Dios le dio un sueño a José, pero él tuvo que adaptarse a vivir bajo diferentes circunstancias: en la cisterna, en casa de Potifar y en la cárcel. Cuando una persona tiene un sueño de tener una casa, adapta toda su vida a ese sueño. No malgasta su dinero en otras cosas y sabe posponer sus satisfacciones momentáneas por recompensas futuras. Los que tienen sueños se adaptan a todo porque hay algo más grande para sus vidas. El que no se adapta es porque sólo tiene una ilusión y no un sueño.

Todos los hombres de la Biblia tuvieron que adaptarse para alcanzar sus sueños. Pregúntale a Cristo. Dios se hizo hombre y tuvo que adaptarse a vivir como hombre, sólo porque tenía un sueño. Le dio hambre y sueño. El Dios sin límites se había hecho hombre y ahora era vulnerable. Contaba con sólo veinticuatro horas para trabajar. Tenía que relacionarse con otros, y tú y yo sabemos el gran reto que es eso.

La razón por la cual los matrimonios fracasan y los hijos se rebelan es porque no todo el mundo tiene la capacidad de adaptarse. La gente se va de la iglesia porque no tiene la capacidad de adaptarse. Quieren que las cosas sean como ellos desean; a su manera. Pero los soñadores sí saben adaptarse.

Tercero: un soñador sabe vivir a través de los cambios. Los soñadores provocan los cambios, preparándose para ellos. ¿Cómo sé que eres un soñador? Cuando veo la manera en que reaccionas a los cambios a tu alrededor. Observo cómo reaccionas cuando las épocas cambian y cuando la gente se va de tu lado.

Cuarto: un soñador tiene la capacidad de prepararse y adiestrarse. Los soñadores saben que las cosas no ocurren así porque sí. Puedes tener todo el talento del mundo, pero si no te preparas y permites que te adiestren, no lograrás alcanzar tu victoria. Un soñador nunca pierde tiempo, sino siempre está buscando cómo prepararse para ese momento. Lo peor sería que llegara el momento de Dios para tu vida y no estuvieras preparado.

Quinto: el soñador tiene la capacidad de esperar. El soñador sabe resistir en todo el sentido de la palabra. Tiene la capacidad de esperar largos períodos de tiempo, entendiendo que la promesa de Dios es fiel para su vida. Con seguridad, Abraham nos diría: "No te adelantes, espera". José tuvo que esperar trece años después de recibir el sueño. A Abraham le tomó veinticinco años recibir a su hijo Isaac.

Igual le ocurrió al rey David. Lo ungieron a los diecisiete años para ser rey, pero no fue hasta los treinta años que fue asignado al puesto para el que había sido ungido. Aún siendo el escogido por Dios, tuvo que esperar que el puesto se desocupara, para poder asumirlo. No te impacientes; hasta Dios mismo tuvo paciencia para recibir su sueño. Dios prometió en Génesis 3:15 que Cristo vendría y le tomó cuatro mil años enviar a Cristo. Lo que Dios te prometió se va a cumplir. Tienes que creerle a Dios por encima de todas las circunstancias.

Primero: un soñador es sensible.

Segundo: todo soñador tiene la capacidad de adaptarse.

Tercero: un soñador sabe vivir a través de los cambios.

Cuarto: un soñador tiene la capacidad de prepararse y adiestrarse.

Quinto: el soñador tiene la capacidad de esperar.

Capítulo 6

LA GENTE QUE PROSPERA
ES LA QUE SABE SERVIR

*"Llevado, pues, José a Egipto, Potifar oficial de Faraón,
capitán de la guardia, varón egipcio, lo compró de
los ismaelitas que lo habían llevado allá. Mas Jehová
estaba con José, y fue varón próspero; y estaba en la
casa de su amo el egipcio. Y vio su amo que Jehová
estaba con él, y que todo lo que él hacía, Jehová lo
hacía prosperar en su mano"* (Génesis 39: 1-3).

L UEGO DE APRENDER a soñar, es importante entrar en la dimensión de prosperar todo lo que pongan en tu mano. Si no hacemos prosperar lo que tenemos hoy, ¿cómo puede Dios llevarnos a nuevos niveles de bendición, prosperidad y autoridad? Era interesante que todo lo que José hacía y tocaba, prosperaba. La pregunta es: ¿En dónde Dios lo hacía prosperar? En la mano de José.

Podemos tratar de espiritualizar muchas cosas y declarar que dejaremos todo en las manos de Dios, para que Él sea quien lo prospere. Sin embargo, Dios no quiere que le devuelvas lo que un día Él puso en tu mano para que lo hicieras prosperar. Luego de que algo sale de la mano de Dios y llega a la tuya, tú eres el responsable de hacerlo prosperar. Todo lo que ponían al alcance de José, prosperaba.

Uno de los testimonios más grandes que podemos mostrarle al mundo sobre la presencia de Dios en nosotros es que hagamos prosperar todo lo que llegue a nuestras manos. Los creyentes sabemos y estamos convencidos de que Dios está en nosotros y con nosotros. No tenemos ni siquiera que sentir su presencia para saber que Él está con nosotros. Es bien difícil explicar esto a un mundo que no conoce lo que es la fe. El mundo no puede entender lo que decimos por fe porque no han entrado en esa dimensión. Por lo tanto, el mundo va a creer por los resultados que vean en nuestras vidas. La gente a mi alrededor sabe que Dios está conmigo porque todo mejora cuando yo estoy cerca. El mundo sabe que Dios está con nosotros cuando prosperamos. Hazte la siguiente pregunta: "¿La vida de quién ha mejorado por causa de que yo estoy cerca?"

Los incrédulos se convierten y aceptan a Cristo como su salvador, por las señales y los milagros. Alguien se sana, su vida cambia, y por lo general, le entrega su corazón al Señor. La gente ve a otros convertirse, sanarse y tener milagros en su cuerpo físico, en su matrimonio, y fe se levanta en ellos. Ahora bien; favor, gracia, acceso y puertas abiertas delante del mundo no se obtienen de esa manera. Los obtienes cuando el mundo sabe que Dios está contigo. La señal de eso es que tú prosperas y contribuyes a mejorar las vidas de quienes están a tu lado.

*Uno de los testimonios más grandes
que podemos mostrarle al mundo
sobre la presencia de Dios en nosotros
es que hagamos prosperar todo lo
que llegue a nuestras manos.*

Veamos lo que dice Génesis 39:2-4: *"Mas Jehová estaba con José, y fue varón próspero; y estaba en la casa de su amo el egipcio. Y vio su amo que Jehová estaba con él, y que todo lo que él hacía, Jehová lo hacía prosperar en su mano. Así halló José gracia en sus ojos, y le servía; y él le hizo mayordomo de su casa y entregó en su poder todo lo que tenía"*.

Estos versos nos evidencian que José halló gracia ante los ojos de Potifar. Inmediatamente, se nos enfatiza que *"él le servía*". De modo que podemos decir que la persona próspera tiene una actitud de servicio. Mira lo que dice seguido a eso: "*y él le hizo mayordomo [gobernador] de su casa y entregó en su poder todo lo que tenía*". Potifar puso en la mano de José todo lo que tenía.

Mira lo que sigue diciendo el verso 5: "*Y aconteció que desde cuando le dio el encargo de su casa y de todo lo que tenía, Jehová bendijo la casa del egipcio a causa de José, y la bendición de Jehová estaba sobre todo lo que tenía, así en casa como en el campo*".

En otras palabras, Dios bendijo a un mundano por causa de José. Bendijo la casa de un hombre que le servía al sol y al Faraón. Lo que Faraón, la vaca y los dioses que adoraba Potifar no pudieron hacer por él, Dios lo hizo, por causa de José. Analiza conmigo nuevamente. Dios prosperó a un impío por causa de José. El mundo recibe bendiciones por causa de los hijos de Dios.

Probablemente, tu esposo, tu esposa, tus hijos, tus sobrinos, tus tíos no saben que caminan en bendición por causa tuya. No todo el mundo reconoce la bendición que tú cargas, pero Dios siempre pondrá en tu camino gente que reconocerá que tú eres la causa de su bendición. La Palabra de Dios nos habla de una viuda que se dio cuenta de que el hombre de Dios pasaba frente a su casa de tiempo en tiempo, y le hizo un cuarto para que se quedara en su casa. Esa mujer sabía que todo iba a prosperar por causa del profeta. También las Escrituras nos presentan la historia de otra viuda que vivía en la ciudad de Sarepta, quien alimentó al profeta Elías en el peor momento de escasez. Ella lo hizo porque sabía que ese profeta cambiaría toda su vida. Dios siempre te hará encontrar personas que reconocerán la grandeza y la bendición que hay en tu vida.

Analicemos el caso de José con mayor detenimiento. Primeramente, José llega a Egipto como esclavo. Es vendido a Potifar. Al llegar a casa de Potifar, éste se da cuenta de que todo lo que ponen en las manos de José, prospera. Entonces José halla gracia ante los ojos de Potifar y se convierte en su mayordomo. Más adelante, Potifar le hace una impresionante promoción de puesto y lo convierte en el "gerente general" de todo lo él que tenía. José prosperaba todo en todos los puestos que le asignaban.

José siempre se esforzó porque estuvieran bien los que estaban a su alrededor. Fíjate que entró a la casa de Potifar y la vida de Potifar mejoró. Más adelante en la historia, vemos que entró en la cárcel, y la vida del copero mejoró. Entró en la casa de Faraón y la vida de Faraón mejoró. Trajo a su familia a Egipto y la vida de su familia mejoró. El pueblo entero lo veía y decía: "Dios está con él". No era porque hablaba en lenguas ni porque se caía diez veces, ni porque se sabía muchísimos versos bíblicos o porque oraba más alto que todo el mundo. El mundo lo sabía porque todo lo que él tocaba, prosperaba.

Creo en hablar en otras lenguas y en las manifestaciones del Espíritu Santo. Sin embargo, debemos entender que esto es sólo del conocimiento de aquellos que ya hemos recibido a Jesús como salvador y hemos sido enseñados. Para el mundo eso es locura. Para que el mundo sea convencido, necesita ver otras demostraciones del poder de Dios. Una de ellas es que vean prosperar todo lo que pongan en tu mano. Esto te dará la oportunidad de decirles quién es el que te ha prosperado.

La pregunta que debemos formularnos es: ¿Cómo Potifar sabía quién era Jehová? Potifar veía los resultados en la vida de José. Potifar reconocía que Dios estaba con José porque José hacía prosperar lo que llegaba a su mano. Estoy seguro de que José tenía que estar dándole crédito a Dios cada vez que Potifar le decía: "¿Cómo tú has hecho esto?" Me imagino a José diciendo: "Aquel que está allá arriba, es Jehová de los Ejércitos. Él es quien lo ha hecho".

No tan sólo prosperaba la casa donde estaba José, sino prosperaba el campo de Potifar, simplemente por estar conectado con José. Todo prosperaba porque José estaba allí. Desde que José llegó a la vida de Potifar, a Potifar le iba mejor.

Te vuelvo a preguntar: ¿La vida de quién tú estás mejorando? ¿La vida de quién es más próspera porque tú estás cerca? Es importante que hagas este análisis porque podrías estar mejorando la vida de la persona incorrecta, y no la vida de aquel que te va a promover. Si no identificamos las personas correctas a quienes tenemos que servir y cuyas vidas debemos mejorar, perdemos el tiempo.

Sin darnos cuenta, muchas veces invertimos nuestro tiempo y esfuerzo en personas que no lo merecen. Lo hacemos por muchas razones, entre ellas, nos sentimos culpables o responsables de las situaciones en las que viven. Es necesario que estés consciente de que debes mejorar las vidas de quienes te pueden promover. Debemos dar nuestro amor a todos, pero tenemos que servir sólo a aquellos a quienes Dios nos ha indicado que debemos servir. Esa selectividad va a marcar la diferencia en el progreso de tu camino hacia la prosperidad.

Desafortunadamente, en las iglesias vemos creyentes que han perdido el deseo de prosperar. ¿Por qué? Porque no quieren pagar el precio de la prosperidad. El precio de la prosperidad es servirle a Dios y servir a los que están a nuestro lado. No se prospera buscando cómo facilitar nuestra vida. Se prospera buscando que la vida de otro sea más fácil.

¿Sabes a quién debes servirle o hacerle la vida más fácil? Primero, a tu esposa o a tu esposo. No es a tus hijos, como algunos tienen por costumbre. Tus hijos son importantes, pero nunca más que tu pareja. A veces veo a padres y madres que se desviven por cuidar a sus hijos, pero descuidan a su cónyuge. Tus hijos son una bendición que debes disfrutar y celebrar, pero tu pareja fue el instrumento que Dios usó para dártelos.

El precio de la prosperidad es servirle a Dios
y servir a los que están a nuestro lado.

La otra persona a quien tienes que servir es a tu jefe, aunque él no sea creyente. La Palabra de Dios nos exhorta a que sirvamos a nuestros jefes como si lo hiciéramos para Dios. Es interesante ver que en las oficinas o lugares de trabajo, los empleados buscan la manera de congraciarse con sus compañeros. Es importante tener una buena relación con los compañeros de trabajo, pero es probable que ninguno de ellos tenga la autoridad para promoverte. Mientras guardas buena relación con tus compañeros, procura que la vida y el trabajo de tu jefe sea más fácil. Él es quien puede promoverte a un nuevo nivel.

En Génesis 39:7-12, vemos que José pudo haber cruzado la línea de lo inmoral y de lo ilegal, pero no lo hizo. Se mantuvo íntegro. Tú no vas a robar por tu jefe. Tú no vas a mentir por tu jefe. Tú no vas a cruzar esa línea. Ninguna mujer se tiene que acostar con el jefe para recibir promoción. Si ése fuera el requisito, pues hasta ahí llegó tu trabajo porque tú no vas a comprometer tu integridad a cambio de una promoción. Pero mientras tu jefe no haga nada de eso, sírvele como si lo estuvieras haciendo para Dios. Llévale café, ten limpio y ordenado su escritorio. Cuando él llegue a la oficina, reconócele, ten deferencia con él, suelta el teléfono y pregúntale o recuérdale el orden de trabajos del día.

Yo he ido a oficinas de gobierno y he visto a jefes tener que esperar que la secretaria termine una conversación telefónica personal, antes de atenderlos. Yo fui criado de otra manera. Mis padres me enseñaron lo que dice la Biblia: al jefe se le sirve como si fuera para Dios. Siempre recuerda que los que están a tu lado no son los que te pueden promover. Las dos personas que te pueden promover son Dios y tu jefe.

No importa si no eres del agrado de muchos; lo que importa es que tu vida les agrade a Dios y a la persona correcta. La prosperidad y el dinero llegan a tu vida porque agradas a la persona correcta. Y el que hace que le agrades a la persona correcta es el Dios Todopoderoso. José entendió esto.

Además de las personas que nos pueden promover, tenemos que mejorar nuestras posesiones; todo aquello que tenemos al presente. ¿Cómo quieres que Dios te prospere más, si la casa donde vives hoy la tienes hecha una pocilga? ¿Cómo quieres que Dios te dé un mejor carro, si al que tienes no le das buen mantenimiento? ¿O que prospere tu negocio hoy, si tu escritorio está todo desorganizado? ¿Cómo quieres que Dios te prospere más, si lo que está en tu mano no lo has hecho prosperar?

Quizás ahora mismo no puedas tener la casa de cinco o siete cuartos con tres o cuatro baños. Sin embargo, puedes bendecir la casa que tienes en este momento. Puedes mantenerla limpia por fuera y por dentro, pintarla, cortar la grama, en fin, conservarla en las mejores condiciones posibles dentro de tus recursos. Puedes lograr que tus vecinos pasen por allí y digan que algo está pasando en esa casa. Cuando lleguen, tú puedes decirles que el dueño de tu casa es Jehová, el Dios todopoderoso, que te ha bendecido. No tienes que tener ropa cara, pero la que tengas, debe estar limpia y olorosa. No tienes que tener zapatos caros, pero los que tengas, deben estar limpios.

Para el mundo, la señal de que Dios está contigo es que todo lo que está a tu alcance prospera. La palabra "prosperar" se traduce en inglés como "push forward". En otras palabras, lo que Potifar veía en José era que todo lo que le ponían en su mano, José lo empujaba hacia el frente, lo hacía mejorar.

Cuando yo te hablo de prosperidad, no tan sólo me refiero a dinero, sino a la abundancia en todas las áreas de tu vida. Dios quiere que tú empujes tu matrimonio un poquito más hacia el frente. Dios quiere que tú empujes tus finanzas un poquito más hacia el frente; que empujes a tus hijos un poquito más hacia el frente; que empujes tu empresa un poquito más hacia el frente. Dios quiere que tú empujes un poquito más hacia adelante todas las cosas que Él ha puesto en tu mano.

¿Por qué en tu mano? ¿No te llama la atención que la Biblia insiste en que Dios prospera la obra de tu mano? A través de las Escrituras, vemos que las manos son bien importantes. Dios siempre usó las manos de los hombres. En el Antiguo Testamento, Dios le dijo a Moisés: "Extiende tus manos y el mar se va a dividir"; "Toma la vara en tu mano y los milagros van a ocurrir". En el Nuevo Testamento, Cristo les dijo a los discípulos: "Sobre los enfermos pondrán sus manos, y sanarán" (Marcos 16:18).

Ésta es la respuesta: todos nosotros tenemos un lugar o región sobre lo cual ejercer autoridad. Por ejemplo, tú tienes autoridad sobre tu casa, tu carro, oficina y empresa. La mano representa el ejercicio o expresión de esa autoridad sobre lo que está a tu alcance y bajo tu autoridad. Hasta que el hombre no aprende a utilizar la autoridad sobre lo que Dios le ha dado en sus manos, no puede prosperar ni moverse a otro nivel.

Capítulo 7

¿QUÉ ES LO QUE DIOS NO HA PUESTO EN TU MANO?

Esta etapa de prosperar aquello que Dios pone en tu mano, tiene un detalle del que depende que sigas adelante hacia tu prosperidad, o te atrases: reconocer o identificar aquello que Dios *no* ha puesto en tu mano. Tan importante es saber lo que Dios ha puesto en tu mano como saber lo que no ha puesto en ella. Aquí es donde muchos fallan.

La historia de José nos muestra cómo José tuvo que estar claro sobre lo que se le había confiado y lo que no le pertenecía. Un día se encontró solo con la esposa de su jefe. Las circunstancias se dieron de manera tal, que tuvo la oportunidad de acostarse con ella. La esposa de Potifar trató de engañar y seducir a José. Y José le dijo, *"…ninguna cosa me ha reservado sino a ti, por cuanto tú eres su mujer; ¿cómo, pues, haría yo este grande mal, y pecaría contra Dios?"* (Génesis 39:9)

Hace mucho tiempo, escuché a un predicador decir que José en ese momento recordó el primer sueño que Dios le dio, y no encontró en ese sueño a la esposa de Potifar. José recordó que en su sueño estaban sus once hermanos atando manojos de trigo y los manojos se inclinaban ante él, pero la esposa de Potifar no estaba representada en el sueño. Luego recordó que en su segundo sueño había once estrellas, el sol y la luna, y la esposa de Potifar tampoco era parte del sueño. Esto lo llevó a entender que Dios no había puesto en su mano a la esposa de Potifar; ella no era parte ni de su sueño, ni del sueño de Dios para él.

*Tan importante es saber lo que Dios
ha puesto en tu mano como saber
lo que no ha puesto en ella.*

El día que tú tocas lo que Dios no ha puesto en tu mano, perdiste lo que sí puso en ella. Si José llega a haber tocado a aquella mujer, hubiera retrasado el plan de Dios para su vida. Hubiera tenido que batallar con otras cosas que eran innecesarias. Es suficiente la lucha que tenemos que librar por causa de nuestros sueños, como para añadirnos situaciones innecesarias. Sé que los dones de Dios son irrevocables, pero la gracia de Dios no nos exime de las consecuencias de nuestros pecados. Ya era suficiente todo lo que le había pasado a José, como para que se metiera en más problemas.

Es poderoso observar el alto sentido de responsabilidad e integridad que tenía José. Potifar tenía total confianza en José. La preocupación de José era fallarle a su jefe y sobre todo, a Dios. Recuerda que estamos hablando de alguien que había sido vendido por sus hermanos. Este joven era un esclavo en esta casa. Muy bien pudo haberse revelado contra Dios y su jefe, usando como excusas todas las cosas que le habían pasado. Pero José decidió seguir honrando a Dios y respetando a Potifar.

Muchas personas toman decisiones como represalia contra Dios, por considerar que Él no evitó ciertas cosas en sus vidas, sin darse cuenta de que lo que hacen es provocar maldición para ellos. Ninguna de las cosas que nos han pasado es excusa para faltarle a Dios. Ninguna de las cosas que han ocurrido en tu vida te da el derecho para ser inmoral y fallarle a aquellos que han confiado en ti. Cuando los problemas y las luchas que has tenido se convierten en tu excusa para tomar malas decisiones, estarás separándote cada vez más del destino que Dios tiene para tu vida. Sin darte cuenta, abrirás las puertas a las tentaciones del enemigo y tendrás que invertir tus fuerzas en pelear con el pasado que te persigue.

José estuvo claro desde un principio sobre qué era lo que Potifar había puesto en su mano y qué le era prohibido. Sin embargo, hoy día muchas personas sólo recuerdan lo que Dios ha puesto en sus manos, y olvidan aquello a lo que no tienen acceso. Por eso cometen grandes errores.

Este error lo vemos desde la creación del hombre. En el huerto del Edén, Dios les dio al hombre y a la mujer todo lo que había en el huerto, excepto el árbol de la ciencia del bien y del mal. Es interesante entender que lo que se convierte en una tentación es aquello que *no* se nos ha dado. Cuando la serpiente le habló a Eva, no le presentó todos los árboles de los que podía comer. No le dijo: "Come y sáciate de todo lo que Dios te ha dado". La tentación fue tomar aquello que Dios había reservado sólo para Él. La decisión de Adán y Eva de desobedecer, causó que el hombre perdiera todo lo que Dios le había dado, incluyendo la presencia de Él. Comer de un fruto prohibido los sacó del huerto. Pregúntate si vale el esfuerzo dejar todo lo que Dios te ha dado, por aquello que no es tuyo. Si piensas bien, es un precio muy alto que no debes estar dispuesto a pagar.

Fallarle a Dios en los diezmos es costumbre de muchos hermanos en la fe. Si profundizamos en las Escrituras, nos damos cuenta de que el árbol de la ciencia del bien y del mal en el huerto del Edén, era símbolo del diezmo. Aquel árbol representaba algo consagrado a Dios. El diezmo es la décima parte de nuestro ingreso, que Dios ha establecido que le pertenece a Él. Igual que Adán, tú y yo tenemos que trabajar para recibir inclusive lo que es la parte del diezmo, pero eso no te da derecho a utilizarlo como a ti te parece. Tu responsabilidad es devolverle a Él lo que le pertenece desde el principio.

Me explico. Adán y Eva tenían que cuidar del árbol. Ellos tenían que procurar que el árbol se mantuviera en perfectas condiciones. Tenían acceso a él, pero no les pertenecía. De la misma manera, el diezmo llega a tus manos, pero no te pertenece. Cuando te apropias del diezmo, no sólo cierras las ventanas de los cielos para tu vida, sino traes maldición sobre el restante noventa por ciento. Es demasiado lo que perdemos cuando no obedecemos a Dios. Recuerda: si tomas para ti lo que Dios no te ha dado, perderás lo que Él te entregó. El precio es demasiado alto. Si José hubiera cedido a la invitación de la esposa de Potifar, hubiera perdido todo lo que se le había dado.

Gloria a Dios que José obedeció y no tocó lo que no se le había puesto en su mano. Gracias a esto, no tan sólo prosperaba la casa de Potifar, sino el campo que José administraba. José se esforzaba para que el campo prosperara, y mejorara la casa y todo que lo que estaba a su alcance y bajo su autoridad. Entonces Dios se encargaba de que todo, todo, cambiara.

Capítulo 8

DIOS SE CORRE EL RIESGO

CUANDO LO QUE está en tu mano prospera, es porque Dios lo hace prosperar. Eso es algo que nunca debes olvidar. Sin embargo, cuando Dios permite que prospere lo que te pone en la mano, Él está consciente de la posibilidad de que tú olvides que Él es quien te da el poder para que eso ocurra. Bien se lo dijo Dios al pueblo de Israel en Deuteronomio 8:16-17: *"No vaya a ser que con vuestras manos construyas casas y hagas cosas y te olvides. Acuérdate de Jehová tu Dios, porque él te da el poder para hacer las riquezas".* Algunos llegan a pensar que son sus manos las que hacen que todo prospere, y sacan a Dios de sus vidas. Lo grande es que Dios está dispuesto a correrse ese riesgo con el hombre.

Cuando Dios hace que tus manos prosperen, Él se corre el riesgo, pero ¿sabes qué? Todavía al día de hoy, Él está dispuesto a correr ese riesgo contigo.

Observa la actitud del sistema del mundo. Los bancos no están dispuestos a poner dinero en ti si tú no tienes dinero depositado o bienes que garanticen que, si no pagas, el banco se pueda quedar con ellos. Si no eres un cliente atractivo para el banco, cuando pides un préstamo ni te darán la cara, pues no representas para ellos alguien que merezca el riesgo. Cuando te consideran cliente y te aprueban un préstamo, lo aseguran y hacen que tú lo asegures a favor del banco. Si tú te olvidas de pagar o no puedes pagar, el banco te lo va a recordar por el resto de tus días.

Cuando lo que está en tu mano prospera,
es porque Dios lo hace prosperar.

¿Cuánta gente a tu alrededor estaría dispuesta a poner algo en tus manos para impulsarte al próximo nivel? Te aseguro que poca o ninguna. Pero hay uno que va a ti. Se llama Elohim, el Shadday, el más que suficiente. Hay uno que se llama Jehová, quien suple todas tus necesidades conforme a sus riquezas en gloria. Hay uno que cuando mira desde el cielo, está dispuesto a poner en tus manos su bendición, para que prosperes. Si te olvidas de Él, también te perdona, y si te vuelves a Él, se arriesga contigo otra vez. Durante seis mil años, Dios se ha arriesgado con el hombre una vez tras otra.

Dios se ha arriesgado muchas veces y muchas veces le han quedado mal. Lo grande de Dios es que todavía quiere arriesgarse. Se arriesgó con Adán y Adán le falló. ¿Y sabes lo que hizo Dios? Volvió a arriesgarse. Salvó a Noé. Noé hizo un arca para Él, Dios lo prosperó y lo bendijo. El diluvio llegó y todo el mundo murió, excepto Noé y su familia.

Noé llegó a ser el hombre más próspero del planeta. Entonces un día Noé se emborrachó y cometió una atrocidad. ¿Y sabes lo que hizo Dios? Volvió a arriesgarse. Dios siempre ha buscado hombres en quienes confiar, a pesar de que ha habido tantos que le han fallado. Si nos movemos más adelante y estudiamos las vidas de todos los profetas, vemos a Dios arriesgándose una y otra vez.

Dios se arriesgó con Moisés. ¿Tú sabes lo que es escoger a un tipo con un carácter volátil, furioso, con coraje, molesto, con sed de venganza, que había estado en el palacio y llevaba cuarenta años en el desierto? No sólo Dios lo escogió, sino le dio una vara que hacía que ranas salieran, que el cielo tirara granizo y que el mar se abriera en dos.

Moisés fue por el desierto, se molestó con Dios y peleó con Él. Y Dios le dijo: "No puedes entrar en la tierra prometida". Entonces volvió Dios a arriesgarse, esta vez con Josué. "Ah, pero Josué fue bueno, pastor". Sí, fue buenísimo, pero no dejó herederos. Llegó un momento en que Josué se hartó tanto de la gente, que le dijo al pueblo: *Yo no sé ustedes, pero mi casa y yo serviremos a Jehová*". Aunque mucho se ha predicado de este verso y hemos aplaudido esa determinación de Josué, si lo evaluamos en su justa perspectiva, descubriremos que su intención no fue tan espiritual como pensamos. En otras palabras, lo que Josué le dijo al pueblo fue: "Yo terminé con ustedes, me rendí, hagan lo que les parezca, allá ustedes". Por eso es que el pueblo hizo lo que le dio la gana; Josué lo soltó.

Luego vino Dios y se arriesgó otra vez, esta vez con los jueces. Luego se arriesgó con un Sansón, a quien le dio un poder sin igual. Ese hombre mataba a ochocientos hombres con su propia quijada. Imagínate la cantidad de mujeres que estarían detrás de un hombre con tanto poder. La diferencia con Dalila fue que él se enamoró de ella. Dalila supo hablarle, supo dormirlo. Él confió en Dalila, la metió en su corazón y cometió un grave error.

Lo que deseo que veas con estos ejemplos es que, a pesar de los errores que los hombres cometemos, Dios siempre está dispuesto a intentar otra vez. Dios no toma en consideración los errores de otras generaciones para decir: "No voy a confiar nunca más". Todavía al día de hoy, Dios busca hombres y mujeres en los que Él pueda confiar; personas en las que Él pueda poner en sus manos el poder para manifestar su gloria. Si estás leyendo este libro es porque Dios quiere que tú sepas que Él está dispuesto a arriesgarse contigo una vez más. Dios quiere confiar en ti nuevas cosas. Lo importante es que nunca pienses que es la obra de tus manos la que te ha prosperado.

Capítulo 9

DIOS BUSCA EN QUIÉN CONFIAR

Uno de los tesoros más grandes que cualquier persona puede encontrar es a alguien en quien pueda confiar. Sin embargo, este tema es bien delicado. La Biblia dice: "*De la que duerme a tu lado cuídate*" (Miqueas 7:5). Pero por otro lado, Proverbios 31:10-11 asegura que es posible encontrar a alguien en quien confiar.

> "*Mujer virtuosa, ¿quién la hallará? Porque su estima sobrepasa largamente a la de las piedras preciosas. El corazón de su marido está en ella confiado, Y no carecerá de ganancias.*"

La mujer virtuosa de la que habla ese capítulo es digna de confianza. La Palabra dice que su hombre puede descansar en ella. Así que el hecho de que sea difícil no quiere decir que sea imposible. La clave no es encontrar a una mujer, sino encontrar a la mujer en la que tú puedas confiar.

A las mujeres que están leyendo este libro, déjenme darles un consejo y explicarles por qué sus maridos no conversan tanto con ustedes. La realidad es que ellos tienen miedo de confiarles cosas que eventualmente ustedes usen en su contra. El miedo más grande de todo hombre es confiar en alguien y ser traicionado. Cuando los hombres nos callamos ante nuestras esposas es porque tenemos miedo a decir algo que tal vez de aquí a diez años nos lo saquen en cara.

Si todo lo que tu marido te dice, tú se lo dices a tu suegra o a tus amigas, lo escribes en tu diario o se lo reclamas, habrás callado a tu marido para el resto de su vida. Lo mismo ocurre en las mujeres. Lo más frustrante para las mujeres es no recibir seguridad de su marido. Lamentablemente, los hombres, con muchas de nuestras acciones, traemos inseguridad a las vidas de nuestras esposas. Las mujeres, igual que los varones, están buscando a alguien en quién confiar.

Recuerda esto siempre: Dios es el único que siempre está dispuesto a correrse el riesgo contigo porque Él siempre busca en quién confiar. Dios sabe que puede confiar en ti, cuando hay otro hombre en la tierra que puede confiar en ti. Mucha gente quisiera, hasta yo quisiera, que Dios supiera que puede confiar en mí. Bien fácil. Dios va a buscar a uno en la tierra que pueda confiar en ti. Cuando Él vea que hay uno en la tierra que puede confiar en ti, entonces Él dice: "Yo puedo confiar en ti".

Saúl confió su vida en David. Potifar confió su vida en José. El rey Artajerjes confió su vida en Nehemías, el copero. El rey de Babilonia, en los tiempos de Daniel, confió en Daniel más que en todos los demás. Cuando hay un hombre en la tierra que puede confiar en ti, el Dios de los cielos va a ser fiel a su Palabra. Dios es igual. Toda la vida Dios ha estado buscando a un hombre en quien Él pueda confiar. En Ezequiel 22:30 dice que Dios estaba buscando a un hombre que hiciera vallado.

> *"Y busqué entre ellos hombre que hiciese vallado y que se pusiese en la brecha delante de mí, a favor de la tierra, para que yo no la destruyese; y no lo hallé."*

Dios siempre ha estado buscando hombres que puedan interceder por otros hombres. Él estaba dispuesto a salvar a Sodoma y a Gomorra, si encontraba a un hombre.

*Dios es el único que siempre está
dispuesto a correrse el riesgo contigo*

Tu país se puede salvar si Dios puede encontrar a uno. Tu familia completa se puede salvar si Dios puede confiar en ti. Quizás tu familia no lo apreciará o no lo entenderá, pero mientras tú le sirves a Dios, hay un círculo de protección para ellos. Mientras hay un hombre o una mujer en quien Dios confía, su familia completa disfruta de protección. Nada puede llegar a sus vidas, nada los puede tocar porque ese cerco de protección los rodea para darle la oportunidad a Dios de cambiar sus corazones. Dios está buscando a alguien que los proteja para que el mal no los alcance, y a Dios le dé tiempo de llegar al corazón de ellos. Dios no quiere que estén todo el tiempo detrás de tu cerco de protección. Tu familia no sabe lo bendecida que es porque tú eres parte de ellos. Hay un cerco de protección sobre tu esposo, sobre tu esposa, sobre tus hijos, sobre tus nietos.

Como expresión de su confianza, Dios te ha puesto cerca de gente de quienes tú sabes cosas que te vas a tener que llevar a la tumba. Dios te ha puesto delante de personas para que tú hagas un cerco de protección alrededor de ellas y se pueda cumplir el plan de Él en sus vidas. Dios te dio la capacidad de ver y escuchar cosas de esa persona, sin que tu corazón se dañara. Dios dice que, como ese hombre y esa mujer confían en ti, hay cosas que tú sabes que nunca nadie debe saber; nadie. Hay cosas de tu familia que nadie debe saber. Hay cosas de tus hijos que nadie debe saber.

Lo que tienes que hacer es saber qué haces con la información a la cual Dios te ha dado acceso. Lo que te va a llevar a alcanzar tu sueño no es lo que otro sabe, sino lo que haces con lo que tú sabes. Lo que tienes que hacer es demostrarle a Dios que Él puede confiar en ti.

Capítulo 10

RELACIÓNATE CON
TODO EL MUNDO

L A TERCERA ETAPA hacia la manifestación del sueño de Dios en ti es el desarrollo de buenas relaciones humanas. Nunca te podrás mover más allá de las relaciones que puedas formar en tu vida. La razón por la cual mucha gente no prospera es porque no ha sabido desarrollar buenas relaciones. Necesitas tener buenas relaciones con la gente a tu alrededor, a todos los niveles sociales, económicos, intelectuales y generacionales.

Cultivar las relaciones humanas tiene una profunda importancia en la manifestación del sueño de Dios en tu vida, y conlleva un proceso de cuatro niveles:

1. Saber relacionarte con todo el mundo

2. Observar el semblante, discernir las emociones y ofrecer ayuda

3. Conocer los sueños de los que te rodean

4. Interpretar sus sueños

Una de las cosas que hizo a Cristo tan excepcional, fue su capacidad de comunicarse con todo el mundo a su alrededor. Él sabía acomodarse al nivel de todo aquel con quien trataba. Era capaz de hablar el lenguaje de los más cultos y sabios, pero también sabía comunicarse con los más simples. Hasta a los niños les agradaba acercarse a Él. Quien no pueda hacer eso, no podrá prosperar. Tú tienes que tener la capacidad de bajarte al nivel de hablar con un niño o elevarte para dialogar con un dignatario. Por eso es tan importante prepararnos en la vida, leer, estudiar, investigar, aprender al menos un poco de muchas cosas. No sea que un día te encuentres con alguien importante que te hable de la bolsa de valores, y para ti sea como si te estuvieran hablando en otras lenguas.

Proponte todos los días aprender una palabra nueva del diccionario. Apasiónate con la lectura. Cristo era capaz de sentarse al lado de cualquiera. Se sentó con Zaqueo, que era un cobrador de impuestos. Anduvo con Pedro que era un pescador. Era capaz de hablar con los publicanos. Cuando le trajeron a la mujer que fue encontrada en el mismo acto del adulterio, la Biblia dice que Él se inclinó y escribió en el suelo. Date cuenta de que lo que Cristo hizo fue bajarse al nivel de ella. La única forma de elevarla a ella de nivel, era si primero Él se bajaba al nivel de ella. Al hacer esto, les dio esa gran enseñanza a todos aquellos testigos. Él rescató a aquella mujer, la levantó y la posicionó a un nivel mayor. Esta actitud era la que hacía que todo el mundo quisiera estar con Él.

En una ocasión, cuando Jesús se dirigía a la casa de Jairo, una mujer le tocó. Entre tanta gente que le rodeaba, fue impresionante que Él pudiera distinguir que alguien le había tocado, al punto de que poder salió de Él. Muchas veces nos ocurre lo mismo a nosotros. La diferencia es que no logramos distinguir esos toques especiales. Estamos tan involucrados en la meta, que obviamos muchos detalles importantes que ocurren a nuestro alrededor. Perdemos de vista el toque de alguien con quien debemos tener una relación. Cristo no perdió ese toque, esa oportunidad. Mucha gente tiene que haberlo tocado ese día, pero aquel toque fue uno especial. La Biblia dice que cuando Cristo se dio cuenta de ese toque, se detuvo en el camino, se sentó, habló con ella y ella le contó la verdad. Y nosotros los hombres sabemos que cuando una mujer dice contar toda la verdad, es mejor que nos sentemos y estemos dispuestos a escuchar todos los detalles.

Eso fue lo que hizo Jesús. Se sentó y la escuchó con paciencia. Jesús tenía que transmitir mucha paz y confianza cuando los niños se llegaban a Él con la mayor naturalidad. Los niños querían sentarse en la falda del Maestro. Para que un niño se acerque a un adulto en confianza, primero tiene que percibir que el adulto tiene buenas intenciones. De lo contrario, no lo hará. Cristo era un experto en relaciones. Sabía predicarle a la gente en el nivel en el que estaban. A las multitudes les predicaba en parábolas, a sus discípulos les revelaba los misterios del Reino. Sabía cómo tratar con su madre y con sus hermanos. Por eso es que tú y yo debemos enamorarnos cada día más de Jesús. No ha habido nadie como ese hombre.

Él sabía cuándo hablar y cuándo callar. Cuando llegaron los soldados romanos al huerto de Getsemaní, Jesús les preguntó: *"¿A quién buscáis? Le respondieron: A Jesús Nazareno. Jesús les dijo: 'Yo soy' ... Cuando les dijo: 'Yo soy', retrocedieron, y cayeron a tierra"* (Juan 18:4-6). Cristo hasta recogió la oreja del soldado a quien Pedro agredió, se la puso y lo sanó.

Cuando Jesús estuvo frente a Pilato, éste le preguntó: "¿Eres tú el rey de los judíos? Jesús le respondió: "¿Dices esto por ti mismo o te lo han dicho otros de mí?" (Juan 18: 33-34) Si Él hubiera dicho: "Yo soy", hubiera pasado lo mismo que con los soldados, y se hubiera impedido el cumplimiento de su destino. Jesús sabía con quién hablaba, cómo hablar y cómo comportarse; por eso fue un hombre de éxito. Jesús supo manejar y desarrollar al máximo sus relaciones con otros, aceptándolos como eran.

Una de las cosas que más falta le hace a la Iglesia es tener buenas relaciones. Queremos que la gente entre en nuestro mundo, sin nosotros meternos en su mundo. Si escucháramos a Cristo, nos meteríamos en el mundo, porque Él dice: "Yo soy la sal de esta tierra", y nosotros somos la luz del mundo. Así que la luz del mundo tiene que alumbrar ¿dónde? En el mundo. Tu luz no alumbra en las iglesias porque en las iglesias hay luz de sobra. Tu luz alumbra donde hay tinieblas, donde hay gente que no puede ver a Cristo. Allí es donde alumbra tu luz, allí es donde tenemos que meternos, allí es donde tenemos que estar. Tenemos que tener la capacidad de hablar y sentarnos con todo el mundo, sin contaminarnos.

La Iglesia tiene que aprender a desarrollar relaciones humanas. Admiramos a los grandes hombres de Dios en la Biblia porque aprendieron a sobresalir sin perder su carácter. Admiramos a un Daniel, que vivió dentro de la casa del rey Nabucodonosor, sin doblegar su carácter. Fue un hombre íntegro, pero aprendió el lenguaje del mundo, aprendió a leer libros y a hablar como ellos hablaban. En general, fue un hombre que supo desarrollar y mantener relaciones.

Capítulo 11

DISCIERNE EL ESTADO EMOCIONAL DE LOS QUE TE RODEAN

"Y se enojó Faraón contra sus dos oficiales, contra el jefe de los coperos y contra el jefe de los panaderos y los puso en prisión en la casa del capitán de la guardia, en la cárcel donde José estaba preso. Y el capitán de la guardia encargó de ellos a José, y él les servía" (Génesis 4:2-4).

José es metido a la cárcel y más adelante, dos empleados del Faraón, quienes tenían puestos gerenciales, son echados a la misma cárcel donde se encontraba él. Entonces el jefe de la cárcel asignó a José a que sirviera a estos dos hombres. En Génesis 40: 5-6, dice: *"Y ambos, el copero y el panadero del rey de Egipto, que estaban arrestados en la prisión, tuvieron un sueño, cada uno su propio sueño en una misma noche, cada uno con su propio significado. Vino a ellos José por la mañana, y los miró, y he aquí que estaban tristes".*

Lo segundo que quiero enseñarte es que una de las claves para tener buenas relaciones en tu vida es aprender a discernir la condición emocional y espiritual de aquellos que están a tu alrededor, y no ser indiferente a la misma. Permíteme revelarte algo. Tú no puedes tener relaciones positivas y reales en tu vida, si no eres capaz de discernir el estado emocional de aquellos que están a tu alrededor. Tú, como mucha gente, estás tan concentrado en tus problemas y tus angustias, que no te das cuenta de que Dios te ha puesto en lugares para que seas de bendición a las vidas de otras personas.

En esta historia tenemos a un panadero egipcio, un copero egipcio y a José que era hebreo, los tres en la misma cárcel. Nunca pienses que el mundo está exento de las cosas que les pasan a los cristianos. Tampoco pienses que los cristianos estamos exentos de lo que le pasa al mundo. En la misma cárcel están hebreos y egipcios. Y hoy en la misma cárcel (situación) donde tú estás, hay cristianos e impíos. Estamos todos metidos en esto. ¿Cuál es la clave? ¿Qué es lo que hace la diferencia? La diferencia se hace cuando estamos atentos al semblante de los demás y nos atrevemos a acercarnos y decir: "¿Qué te sucede? ¿Te puedo ayudar? ¿Puedo hacer algo por ti? No te veo como hace dos días, ¿qué te preocupa, qué te desespera?"

Hay padres que se quejan de que sus hijos no les hablan, no les dirigen la palabra, no quieren conversar. La verdad es que los hijos siempre hablan. Lo que ocurre es que muchas veces hablan sin palabras y muchos padres no saben interpretar correctamente el lenguaje corporal de sus hijos. Mira sus semblantes y léelos, y te vas a dar cuenta de que están tratando de decirte algo. Hay esposas que dicen: "Ay, es que en mi casa no hay comunicación". Claro que en tu casa hay comunicación, y hay comunicación todos los días. El problema es que la mayoría de nuestras comunicaciones no son verbales, sino a través de nuestros semblantes. Pero estamos tan enfocados en nuestras dificultades, que lo que estamos esperando es que venga alguien a mirar mi semblante, y a tener compasión de mí. ¡No! Tú tienes que entender que Dios te ha llamado a tener compasión de otros, a cambiarle la vida a otra persona porque Cristo en ti es la esperanza de gloria.

¿Qué te puede ofrecer el mundo más allá de una simple compasión? Por el contrario, tú sí le puedes ofrecer al mundo lo que ellos no tienen. Tú le puedes ofrecer el Cristo que está dentro de ti, y tú puedes decirle: "Estoy en la misma cárcel, estoy en el mismo lugar, estoy en el mismo sitio, pero hay algo diferente, hay algo que me sostiene, hay algo que me levanta. A mí también Dios me dio un sueño hace mucho tiempo". Tal vez te pregunten cómo sigues soñando, estando en circunstancias tan adversas. Diles: "Sé que estoy en medio de todos estos problemas, pero Dios va a hacer algo conmigo. Y si Dios lo va a hacer conmigo también puede hacerlo contigo. Dime qué es lo que te pasa".

José se convirtió en un experto en leer el semblante de aquellos que estaban a su alrededor. Tenemos que ser como José. Si quieres prosperar, tienes que aprender a identificar el semblante de la gente; acercarte a ellos. Eso hizo José. Se acercó y logró captar la atención de la gente.

Veamos lo que sigue diciendo Génesis 40:7-23:

> "Y él preguntó a aquellos oficiales de Faraón, que estaban con él en la prisión de la casa de su señor, diciendo: ¿Por qué parecen hoy mal vuestros semblantes? Ellos le dijeron: Hemos tenido un sueño, y no hay quien lo interprete. Entonces les dijo José: ¿No son de Dios las interpretaciones? Contádmelo ahora. Entonces el jefe de los coperos contó su sueño a José... Y le dijo José... Acuérdate, pues, de mí cuando tengas ese bien, y te ruego que uses conmigo de misericordia, y hagas mención de mí a Faraón, y me saques de esta casa... Y el jefe de los coperos no se acordó de José, sino que le olvidó".

Cuando José se acercó al jefe de los coperos y al jefe de los panaderos, dice la Palabra que cada uno había tenido un sueño. Es interesante que cuando José le da al copero la interpretación de su sueño, le pide de favor que se acuerde de él. Sin embargo, ¿qué hizo el copero? Absolutamente lo opuesto; se olvidó de él. Y no fue un olvido por causa de la emoción de salir de la cárcel y ser restituido. El olvido duró dos años. No fue hasta un día que Faraón tuvo un sueño y no halló quién lo interpretara, que el copero despertó de su amnesia y finalmente se acordó de José.

Quiero que entiendas que no hay semilla que tú siembres en la vida de una persona que un día no rinda sus frutos. Esa persona se puede olvidar de ti, pero Dios nunca se olvidará de que sembraste una semilla en la vida de esa persona. Aquella semilla tuvo que esperar dos años. La razón por la que José llegó delante de Faraón fue porque aquella semilla depositada en el copero tuvo el tiempo suficiente para madurar, crecer y germinar en el momento preciso, a la hora precisa.

El problema que tiene mucha gente es que cuando siembra una semilla en la vida de una persona, quiere retribución instantánea y no es así. Toda semilla que tú siembres en la vida de una persona va a tomar un tiempo. Tal vez la persona se olvide, pero Dios no lo olvidará. La Biblia dice que si tu madre, la mujer que te dio a luz, se olvidara de ti, Dios jamás se olvidaría de ti. Si se olvidara de ti la única persona que es casi imposible que se olvide de ti, Dios dice: "Yo nunca, nunca me olvidaré de ti".

No hay semilla que tú siembres
en la vida de una persona que
un día no rinda sus frutos.

Dios siempre recuerda tu semilla. Por eso es que tú no puedes dejar que haya alguien triste al lado tuyo. No puede haber alguien alrededor tuyo que tenga un problema y tú no le hayas dicho: "Estoy aquí para orar por ti, para ponerme de acuerdo contigo, para creer por un milagro, quiero declarar la Palabra del Señor sobre tu vida". Nunca dejes pasar una oportunidad de orar por alguien, de bendecir a alguien.

"Pastor, pero éste es un egipcio", dicen algunos. Sin embargo, estamos en la misma cárcel. Tú no sabes a dónde esa palabra que compartas va a llevar a esa persona. Tampoco sabes si esa persona, en algún momento, va estar en la posición correcta para interceder a tu favor. "Pastor, pero se olvidaron". Olvídate tú. Siembra la semilla y déjala ahí, déjala que crezca. Porque aunque el hombre se olvide de ti, Dios nunca se olvidará de ti. Vuelve y siembra todas esas semillas que has sacado con tus corajes y tus odios. Dile: "Señor, perdóname, porque yo sembré una semilla hace diez años en aquella persona y a los dos años la saqué porque no hizo nada por mí". Siembra otra vez tu semilla espiritual, perdonando, olvidando y declarando que esa semilla crece y da frutos al ciento por uno, y espera. Desde ahora en adelante, acércate a todo el que tú veas con un semblante bajo.

Capítulo 12

CONOCE SUS SUEÑOS

Sabemos que tanto el jefe de los coperos como el jefe de los panaderos tuvieron un problema en la casa de Faraón, y ambos fueron encarcelados.

Tenemos tres hombres en la cárcel. Quizás el panadero y el copero tenían razón para estar en aquel lugar. Sin embargo, José no tenía razón para estar preso. Dos de ellos tuvieron un sueño. El panadero, en medio de su cárcel, estaba pensando y soñando cosas que lo llevarían a la muerte. El copero tenía su mente fija en que en tres días lo sacarían de aquel lugar. José necesitaba que aquel que estaba soñando con el viñedo, lograra salir y lo sacara a él de allí.

El sueño del copero fue acerca de una viña. Los tres racimos que vio en su sueño le prometían que al tercer día saldría de la situación donde estaba. Por razones obvias, José no le pidió al panadero que se acordara de él. ¿Cuánto podía hacer aquel hombre por José si en tres días lo iban a matar? Tú puedes saber el final de una persona por los sueños que tiene. Tú puedes saber con quién conectarte por los sueños que esa persona tiene. El problema de muchos de nosotros es que estamos conectados con el panadero, con personas que no tienen los mejores pensamientos. Es cierto que estamos llamados a ayudar a todo el mundo. Mira a José. Él le interpretó al panadero y al copero. Pero al único que le dijo: "Acuérdate de mí" fue al copero. Porque el copero estaba viendo los racimos de uva. Él estaba viendo la prosperidad, la abundancia, las oportunidades. A esa gente es a la que tú te tienes que conectar.

El problema es que tenemos gente en la Iglesia que se une con aquellos que tienen un final de muerte, por el sueño que tienen. José no sabía por qué el panadero y el copero estaban allí, pero sabía cuál sería el final de ambos, basado en los sueños que tuvieron.

La conexión con Cristo

Tú no puedes caminar con gente cuyos sueños desconozcas porque tú tienes que saber lo que cada quien tiene en su mente. Es importante saber si la persona tiene su enfoque en canastas llenas de manjares que las aves se están llevando, o en racimos de uva. A ésos que sueñan lo que no les conviene, lo más que podrás decirles será: "Si no cambias ese sueño, esa fijación, ése es el final que te queda".

Tú y yo tenemos que conectarnos con personas que tienen en su mente una sola cosa: una viña. Yo tengo que estar conectado con personas que lo único que ven es la viña, el fruto. Esa viña es la que nos rescata a nosotros en tres días y nos pone en la posición de estar delante de Faraón. Cuando estudiamos la Biblia, sabemos que la viña representa a Cristo. Él es la viña y yo soy el pámpano.

Jesús dijo en Juan 15: 5-7:

> "... Yo soy la vid, vosotros los pámpanos; el que permanece en mí, y yo en él, éste lleva mucho fruto; porque separados de mí nada podéis hacer... Si permanecéis en mí, y mis palabras permanecen en vosotros, pedid todo lo que queréis, y os será hecho".

*Tú y yo tenemos que conectarnos
con personas que tienen en su
mente una sola cosa: una viña.*

Es interesante que cuando el pueblo de Israel fue a la tierra prometida, Dios les dijo que entrarían a "la tierra que fluye leche y miel". La pregunta que nos debemos hacer es: ¿Cómo y por qué, de una tierra que fluía leche y miel, lo que los espías trajeron fueron uvas? Cuando en la Biblia se habla de leche, se está haciendo referencia a necesidades primarias, a cosas básicas. Cuando hablamos de miel, hablamos de prosperidad. Miel es un producto terminado que lo consumía la gente rica, los faraones. Dios quiere llevarte a un lugar donde no tan sólo vas a suplir tus necesidades básicas, sino también vas a prosperar. Cuando tú entras a esa tierra, tú debes tener en mente una sola cosa: las uvas. Lo que representan las uvas es tu prosperidad conectada a la vid, conectada a Dios.

Por eso, cuando tú estás en la cárcel, los únicos con quienes debes conectarte para que se acuerden de tu nombre son aquellos que tienen una sola cosa en mente: la vid. Tú no te puedes conectar con gente que no tenga en la mente la vid; que no tengan conexión con Cristo.

*Dios quiere llevarte a un lugar donde
no tan sólo vas a suplir tus necesidades
básicas, sino también vas a prosperar.*

La Biblia nos muestra que fue el sabor de las uvas lo que sostuvo, durante cuarenta años en el desierto, a Josué y Caleb, los dos espías que regresaron con un buen reporte. Yo quiero que tú entiendas que todos los que llegamos a Cristo, un día saboreamos el fruto de las uvas, el fruto de conectarnos con Dios. Ése fue tu primer amor, cuando tú le entregaste tu vida al Señor. Comenzaste a sentirte feliz y a ver cómo todo iba a cambiar. Tus sueños se renovaron. Antes había pensamientos vanos en tu cabeza, pero ahora existe la conexión con Dios, y tu vida cambió.

Si por el contrario estás experimentando una desconexión, pregúntate qué ha pasado en tu vida presente que las circunstancias te han hecho ver las canastas y has dejado de enfocarte en lo único que te va a sacar de ese lugar. Necesitas volver a conectarte con el Rey de reyes y Señor de señores. Él es el único que te puede resucitar, que te puede sacar de ese lugar y hacerte prosperar.

Tú necesitas saber con quién estás en la cárcel. Necesitas saber cuál es el sueño que tienen los que están a tu lado. ¿Sueños de pobreza o sueños de bendición? ¿Sueños conectados a Dios o sueños donde simplemente no hay conexión divina? Sin embargo, también necesitas discernir quién eres tú para los demás. ¿Qué tal si tú eres el copero para ellos? ¿Por qué digo el copero? Porque tú puedes ser el intercesor de ellos. Un día Dios te va a poner delante de Faraón, y tú tendrás que acordarte de aquellos que te dijeron: "Tienes conexión, estás pensando bien". Entonces yo quiero que tú veas esto en dos dimensiones. Primero, quiero que te veas como copero para algunas personas porque algún día tú tendrás que hablarle al rey sobre alguien.

En otra dimensión, quiero que veas que para algunas personas a lo mejor tú eres José, les vas a interpretar sus sueños, y les vas a enseñar que la clave para resucitar en tres días es mantenerse conectado. ¿Y sabes qué? Les vas a decir: "No te olvides de mí". Hay gente por quienes tú vas a interceder y gente que va a interceder por ti. El problema es que la Iglesia está tan centrada en su problema, que está buscando gente que interceda por ella, y no se da cuenta de que le corresponde a la Iglesia interceder por los demás.

¿Quiénes son los panaderos en nuestra vida? Aquellos que solamente ven cómo la abundancia que hay en su cabeza se pierde y se va. Lo que ve el panadero es lo que tiene o no tiene en la canasta hoy; en lo que está perdiendo hoy. Es la gente que lo único que hace es quejarse todo el tiempo. Es la gente que todo el tiempo está triste, insatisfecha en la vida. Es gente que no disfruta del fruto de la vid porque no están dispuestos a invertir el tiempo que se requiere. Identifica quiénes de los que te rodean son como el panadero y no te conectes con ellos.

Hay una analogía perfecta entre el fruto de la vid espiritual, donde vemos la vid como Cristo, y el fruto de la vid en el ámbito natural. El mejor vino, o fruto natural de la vid, es el añejo. El mejor vino tiene el mejor olor, el mejor sabor, la mejor calidad, es el más costoso y aquel donde todas sus mejores cualidades se han refinado. Ese nivel de excelencia le toma tiempo. La gente que quiere disfrutar del fruto de la vid que es Cristo, con todas las bendiciones que trae consigo, tiene que invertir tiempo, ser tenaz y tener paciencia. Sólo así puede alcanzar su mejor momento.

Puede ser que estos pasados años te hayas conectado a personas que tienen una fijación mental de que todo está mal y va a empeorar. Yo sé que las cosas parecen estar difíciles. Todos estamos en la misma cárcel, cristianos e impíos, pero la clave está en hacer la conexión correcta. A lo único que tú tienes que estar conectado es a la gente que tiene la vid; a los que están conectados con Dios.

Nuestra conexión con Dios es a través de Cristo. De la misma forma que Él resucitó al tercer día, tú también vas a resucitar. Y cuando resucites, vas a ser transformado de forma tal, que la gente a tu alrededor no va a poder reconocer quién eres tú. Lo que tienes que hacer es levantarte en la mañana, creerle a Dios, olvidarte del mundo, y decirle: "Señor, yo lo único que veo es que hay conexión contigo". Por eso, el mejor lugar para estar en momentos de crisis es en la iglesia.

La Palabra de Dios nos asegura que respiro y liberación

vendrá de alguna parte. Lo que se fue, se fue. Lo que se perdió, se perdió. Lo que se llevó el viento, se lo llevó. Las relaciones que se fueron, se fueron. El negocio que se fue, se fue. El dinero que se perdió, se perdió. Aunque se hayan perdido, todavía hay conexión. Gloria a Dios. Hay conexión con la vid. Vienen tiempos de bendición, de victoria y de gloria.

Capítulo 13

INTERPRETA SUS SUEÑOS

Ahora quiero que veas que José tuvo que vivir toda su vida esperando por sus sueños, pero viviendo bajo la interpretación que los hermanos le dieron a su sueño. Lo que lo promovió a otro nivel fue interpretar correctamente los sueños de otros. Dios le dio un sueño y sus hermanos le dijeron: "¿Reinarás tú sobre nosotros, o señorearás sobre nosotros?" Ésa no era la interpretación de Dios, y por causa de una mala interpretación, lo vendieron.

Muchas cosas de las que vivimos son resultado de la mala interpretación que otros le han dado a nuestros sueños, y que nosotros hemos creído. No puedes guardar raíces de amargura ni frustrarte porque otros no entiendan tus sueños. De lo que sí te tienes que cuidar es de no malinterpretar los sueños de otros. A veces sin darnos cuenta, caemos en este error. Cuando soy capaz de vencer todas estas cosas y decir lo que tengo que decir o hacer lo que tengo que hacer aunque las circunstancias digan lo contrario, estoy más cerca de que se cumpla el sueño de Dios para mí.

Tú estás aquí para interpretar correctamente el sueño de los que están a tu alrededor. De esa manera, sabrás si están conectados con Dios. Si lo están, puedes aceptarlos en tu vida.

Pero hay otra razón muy importante y poderosa por la que tienes que saber interpretar los sueños de otros: saber quién está en tu futuro. Esto es vital para moverte con paso firme hacia la manifestación de tu destino divino. La única forma de saberlo es interpretando los sueños de las personas que tienes cerca. Hay personas que estuvieron en tu pasado y se deben quedar en tu pasado. No insistas en traerlas a tu presente porque ya se fueron y no son parte de tu futuro.

Hay personas en tu presente que, cuando interpretes sus pensamientos y sueños, te vas a dar cuenta de que no debes traerlas contigo a tu futuro. Sin embargo, al discernir los sueños de la gente que te rodea, vas a encontrar y a reconocer personas de tu presente que van a ser y deben ser parte de tu futuro, para que realices tu sueño. Por eso, el nivel más grande de conexión que podemos tener con otras personas es el nivel de los sueños.

Los sueños determinan el destino de los hombres, y con frecuencia nos separan a unos de otros. La razón por la que nos dividen es porque pensamos que si se cumplen los sueños de otros, los míos no se van a cumplir. Pensamos que para que se cumplan mis sueños, el tuyo no se puede cumplir. Sin embargo, hay un gran potencial cuando somos capaces de interconectar los sueños de unos y otros. Si entendieras que tu sueño contribuye al sueño de quien está a tu lado y el sueño de quien está a tu lado contribuye al tuyo, te esforzarías para que el sueño de esa persona se manifieste.

¡Si entendiéramos la contribución que podemos hacernos los unos a los otros cuando conectamos nuestros sueños! Tal vez yo tengo la interpretación de tu sueño y tú tienes la interpretación del mío. Y lo más grandioso es que ambos se puedan completar. Frecuentemente, olvidamos que todo lo que sembramos tiene una cosecha. Cuando logro que los sueños de otros se cumplan, mi vida avanza más y me acerco más a la manifestación de mi sueño.

Si pudiéramos conectarnos a ese nivel, todo sería mejor. El problema es que la mayoría de las conversaciones que tenemos con la gente a nuestro alrededor es acerca de nuestros problemas y nuestras penas. Por ejemplo, tú quisieras una mejor conexión con tu esposa. Es bien fácil. ¿Cuál es el sueño de tu esposa y cuál es tu sueño? Si Dios los unió, es porque tú necesitas de ella y ella necesita de ti. Si la ayudas a cumplir su sueño, estarás más cerca de que se cumpla el tuyo.

He escuchado a mucha gente quejarse de esta manera: "Yo he hecho millonario a mucha gente". Pues la gloria sea para Dios que te ha permitido ser de tanta bendición. Eso quiere decir que has ayudado a mucha gente a tu alrededor a que sean mejores. Eso quiere decir que estás más cerca de tu sueño que antes.

Tal vez te has preguntado muchas veces: "¿Cuándo será mi tiempo?" Estás más cerca de él que nunca.

Capítulo 14

GUARDA TU CORAZÓN CUANDO DIOS TE PONE CERCA

Tal vez, tú, como muchos, has estado cerca de ser millonario. Has pensado que como has estado cerca, te correspondía lograrlo y te lo merecías. Pasaron cosas que, en vez de ponerte próximo en la línea, hicieron que tu corazón te descalificara para obtener tu victoria. Delante de los ojos de Dios, a veces nuestro corazón nos descalifica para obtener lo que Dios nos ha puesto cerca. Dios te pone cerca. Tú no estás lejos de tu bendición, tú no estás lejos de tu sueño. Tú piensas que estás lejos de tu sueño, pero tan pronto Dios te da un sueño, lo próximo que hace es moverte cerca de él o de alguien que ha alcanzado ese mismo sueño.

Lo que ocurre es que cuando Dios te mueve cerca de tu sueño, Él quiere ver cómo reacciona tu corazón. Dios sabe lo que hay en tu corazón, pero tú eres el que necesita saber lo que hay en él. Tienes que cuidarlo y sanarlo porque un corazón dañado te impedirá pasar a la última fase en el proceso hacia la prosperidad: ver manifestado el sueño de Dios en tu vida.

Te explico lo que es un corazón dañado. ¿Has visto a personas que los promueven a supervisores y se vuelven tiranos? Tú no los puedes promover a gerentes ni a líderes porque tan pronto les das un poquito de autoridad, aflora lo que está en su corazón. ¿Tú quieres ver cómo reacciona una persona y cuál es su corazón? Ponlo cerca de lo que quiere y mira cómo se comporta. Dale un poquito de dinero y mira cómo se comporta. Dale un poquito de autoridad y mira cómo se comporta.

¿Tú quieres descubrir el corazón de una persona en la iglesia? El corazón de una persona en la iglesia no se descubre cuando está alabando y adorando a Dios. Ponlo en una posición de liderazgo. Suéltalo un momentito. Ponlo cerca y verás sus actitudes. Te darás cuenta de que eso era lo que estaba buscando para poder imponerse, mandar y ejercer autoridad desmedida. Por eso es que mucha gente no prospera. Lo que te da el derecho para alcanzar todo lo que Dios tiene para ti, es que seas capaz de saber que tú eres la causa de la bendición de otro. Es importante que tu corazón no se dañe cuando veas cómo otro disfruta. Por esa razón, antes de Dios llevarte a la manifestación de tu sueño, te tiene que poner cerca de la manifestación de tu sueño, o cerca de la persona que ya obtuvo su victoria y que, probablemente, la alcanzó con tu ayuda. Cuando estamos cerca de la victoria, vemos y sentimos la radiografía de nuestro corazón.

Permíteme darte un ejemplo de cómo Dios nos lleva en este proceso. Si tú tienes un sueño de ser pastor, lo próximo que Dios hace es ubicarte cerca de un pastor. Y como tú reaccionas a ese pastor, determinará la iglesia que vas a tener. Cuando tú quieres ser empresario, Dios no te saca de tu casa y te da una empresa. Dios te coloca cerca de un empresario.

Cuando estamos cerca de la victoria, vemos y sentimos la radiografía de nuestro corazón.

Deja que otro prospere primero que tú, deja que otro eche hacia delante primero que tú. Guarda tu corazón. Recuerda que Dios los prospera a ellos por causa tuya y tu bendición va a llegar.

Cuando tú tratas de hacerle ver a la gente que Dios los prospera porque tú estás ahí, ¿sabes lo que pasa? Tu corazón se daña porque te molesta, te da coraje porque son malagradecidos, no entienden, te rechazan, te abandonan, hacen cosas en tu contra. Recuerda que Dios está prosperando a todo el que está a tu alrededor, por causa tuya. Eso es lo que necesita guardar tu corazón: "Yo soy la razón de la prosperidad de todo el que está a mi alrededor".

Tú, como muchos de los que leen este libro, estás frustrado, triste, preocupado porque has estado tan cerca de alcanzar la victoria, y pensabas que, como te movieron del sueño a Egipto, te iban a poner en seguida al lado de Faraón. No. En esta etapa, Dios está examinando la condición de tu corazón. No vaya a ser que te lleve al próximo nivel, y ponga en tus manos cosas que se conviertan en riesgo para ti, a causa de la condición de tu corazón.

Muchas veces, el tiempo de estar cerca de la manifestación de tu sueño parece más largo que el de la manifestación misma. Así que es mejor que aprendas dos cosas durante el tiempo que estás cerca, para que tu corazón no se dañe.

Primero: no permitas que las flaquezas de aquellos que ocupan la posición que Dios te prometió a ti, dañen tu corazón. ¿No has visto tú, gente menos talentosa que tú, llevarse el crédito por lo que tú hiciste?

En ocasiones durante mucho tiempo, tu trabajo va a consistir en hacer que otro luzca bien en la posición que Dios te prometió a ti. Por ejemplo, cuando estás sentado al lado de alguien y tu jefe está dando una presentación, tú piensas: "Ésa la hice yo". Evita que algo así dañe tu corazón. Cuando estás cerca de tu victoria, es momento de aplaudirle a otro. Es momento de celebrar al que está allí arriba porque Dios va a hacer lo mismo contigo. Recuerda que todo lo que siembras, tú lo cosecharás. A todos nos llega nuestro tiempo.

Segundo: desarrolla la capacidad de motivarte a ti mismo. ¿Sabes quién es alguien que no tiene el corazón dañado? Uno que se motiva a sí mismo. Se mira al espejo y dice: "Yo soy lo mejor. Yo soy el más grande. Éstos son bendecidos por mí. Gloria a Dios". Cuando tú estás solo en tu cuarto, tienes la capacidad de impulsarte porque tú sabes que otro se va a llevar el crédito, tú sabes que no te van a reconocer, pero tú estás en la parte de atrás, diciendo: "Estoy cerca, gloria a Dios que ya estoy aquí cerca".

Cuando uno está cerca, lo que queda es poco tiempo para ver la manifestación de lo que Dios ha prometido. Para que tu corazón se guarde, tienes que aprender a motivarte a ti mismo. Tienes que aprender que nadie te va a reconocer en ese tiempo, y nadie debería hacerlo porque hay un tiempo en nuestra vida donde todos debemos movernos "por debajo del radar". Hay unas cosas con las que Dios está trabajando y si

Dios te pone arriba sin haber trabajado con todo eso, vas a tener que trabajar en público lo que debiste haber trabajado en privado.

Tú tienes que estar contento en esta tercera etapa de prosperidad, cuando después de desarrollar relaciones que te promuevan y alcances el nivel de favor y gracia, Dios te ponga cerca de la manifestación de tu sueño, aunque lo veas cumplido en otro antes que en ti.

Cuando sientas que no quieres seguir, que no quieres alcanzar tu sueño... ése es el día que debes esforzarte por hacer el mejor trabajo. Conviértete en el mejor empleado de la empresa, el mejor empleado de la iglesia, el mejor empresario de todo el país. Da lo mejor de ti porque no vas a perder tu bendición después de haber estado tan cerca.

Capítulo 15

PRESÉNTATE ANTE FARAÓN

*"… Y dijo Faraón a José: Yo he tenido un sueño, y
no hay quien lo interprete; mas he oído decir de ti,
que oyes sueños para interpretarlos. Respondió José a
Faraón, diciendo: No está en mí; Dios será el que dé
respuesta propicia a Faraón… Entonces respondió
José a Faraón: El sueño de Faraón es uno mismo;
Dios ha mostrado a Faraón lo que va a hacer…
Esto es lo que respondo a Faraón. Lo que Dios va a
hacer, lo ha mostrado a Faraón" (Génesis 41:1-36).*

L A CUARTA ETAPA hacia la manifestación del destino de José es la total dependencia de Dios. Ese nivel empieza cuando tú reconoces que solamente Dios tiene la respuesta. Es el instante crítico de tu vida que yo llamo "el momento de sólo Dios", donde, o vuelves atrás todo lo que has andado, o trasciendes para alcanzar tu sueño.

La Biblia nos dice que Faraón buscó la interpretación de su sueño en todo Egipto. Lo interesante es que Dios le da un sueño a un mundano, pero la interpretación se la da a un hijo de Dios. Tú y yo no podemos amedrentarnos por los sueños del mundo porque tú y yo somos quienes tenemos la interpretación. Lo que ocurre es que la tradición nos ha dicho que tenemos que aislarnos del mundo, cuando Dios nos ha llamado a transformarlo. Dios opera de otra manera.

Cuando Dios quiso liberar a Israel de Egipto, metió a Moisés dentro de Egipto. Cuando quiso liberar a Israel de los babilonios, metió a Daniel dentro de Babilonia. Cuando quiso traer libertad en el tiempo de Ester, la entró al palacio. Llevó a Rut dentro de la ciudad para cambiar la vida de su familia y la historia de la nación de Israel. Todo el tiempo, Dios ha querido hacer el trabajo de adentro hacia afuera. Dios siempre ha deseado infiltrar a sus escogidos dentro de los lugares de influencia, donde realmente se pueden provocar cambios.

El mundo tiene grandes sueños, pero la respuesta la tienes tú. Por ejemplo, tu jefe ha estado buscando la respuesta a sus sueños y ha gastado miles dólares buscando la respuesta, y tú, sentado delante de él, no te has dado cuenta de que eres quien tiene la respuesta. No te has dado cuenta de que la respuesta viene a través de ti porque tú le sirves al Dios Todopoderoso. Sin embargo, no nos atrevemos a entrar en el mundo para darle la respuesta.

Míralo de esta manera. Tu jefe o algún empresario que conoces, probablemente está buscando una respuesta divina para su sueño o sus planes. A ti, por otro lado, Dios te dio un sueño. Para que tus sueños se cumplan, te hace falta dinero, recursos y una autoridad que no tienes al presente. Hay alguien, tal vez ese empresario, que tiene todo eso que tú necesitas, y no ha podido dormir por mucho tiempo porque no tiene respuesta a su problema. No ha encontrado alguien que le pueda interpretar correctamente los pensamientos que han llegado a su mente. Esa persona ha intentado olvidarse de su sueño, pero cada vez que se acuesta lo sueña otra vez.

De igual forma, si Faraón no buscaba la interpretación cuando tuvo el segundo sueño, Dios le iba a seguir dando sueños hasta que encontrara la respuesta. Recuerda que este sueño era parte del plan de Dios para su pueblo. Ya que nadie podía interpretar el sueño de Faraón, José recibe el favor de Dios y Faraón lo envía a llamar para que descifre su sueño. Hay un gran significado en lo que José tuvo que hacer para llegar ante la presencia de Faraón.

> "Entonces Faraón envió y llamó a José. Y lo sacaron apresuradamente de la cárcel, y se afeitó, y mudó sus vestidos, y vino a Faraón" (Génesis 41:14).

113

Primero, lo llamaron apresuradamente, y él acudió con rapidez. Uno de los impedimentos que creamos para obtener nuestra victoria es que nos movemos con lentitud. La Iglesia se mueve muy lentamente. Necesitamos tantas confirmaciones, caernos diez mil veces, sentir algo especial, y hasta que un profeta venga y nos lo confirme. El poder está en que hagamos las cosas rápido, entendiendo que es el tiempo de Dios. El mundo necesita gente que actúe con urgencia. Nunca podrás entrar en la cuarta fase hacia tu prosperidad, si primero no te atreves a moverte más rápido.

Segundo, José tuvo que afeitarse y recortarse. El mundo necesita gente que cambie su apariencia cuando recibe el favor de Dios y se va a presentar ante su gran oportunidad. Tu apariencia es importante; el problema es que la Iglesia quiere prosperar sin apariencia. "Pastor, es que Dios lo que mira es el corazón". Es cierto y ese pensamiento tiene dos realidades. Primero, Dios mira el corazón, pero el mundo mira tu apariencia. Dios dice eso para que tú no seas engañado, como el mundo es engañado. El mundo se deja llevar por las apariencias. Preséntate al mundo con una buena apariencia, pero con un corazón para Dios.

Sé que muchas veces no tienes dinero para comprar ropa nueva, pero no se trata de eso. Si eres hombre, mantente arreglado y afeitado. Si eres mujer, mantente peinada y arreglada. Camina bien, con la cabeza en alto. Camina con una actitud de dignatario, de alguien que tiene la solución a los problemas. Recuerda que las personas no van a ver lo que Dios ve. Si tu apariencia no les anima, no te darán la oportunidad.

Los que trabajan en negocios saben que la primera impresión es la que cuenta y que no hay una segunda oportunidad para causar una primera buena impresión. Tú tienes que presentarte bien para que después la persona vea tu corazón. Ahora que estás frente a Faraón, tienes que cuidar tu apariencia.

Tercero, a José le pusieron ropas nuevas. Éstas representan tu nueva naturaleza. No te puedes presentar delante de Faraón sin la ropa nueva de un hijo de Dios. Esto es importante porque a Faraón no le importa si tus hermanos te vendieron, ni lo que te hicieron en casa de Potifar. Tu pasado le importa a los chismosos, pero a Faraón le interesa lo que puedes hacer por él en el presente. No le importa lo que te pasó en la cárcel. Eso le importa a la gente que quiere ver si te da permiso para prosperar. El mundo o Faraón lo que quiere es alguien que se mueva rápido, tenga buena apariencia, se vista con la naturaleza de un hijo de Dios, y tenga la respuesta para los problemas de hoy.

Por eso, tú no puedes ir delante de Faraón a hacerte la víctima. A Faraón lo que le importa es que tú resuelvas el problema que nadie más ha podido resolver. El mundo no necesita saber, de primera intención, cuál es tu historia. Sólo necesita saber si tienes la respuesta. Tú y yo tenemos que entender que el mundo tiene un sueño que no le deja dormir porque Dios le da el sueño al mundo, pero nos da a nosotros las respuestas para interpretar ese sueño. Faraón buscó la interpretación por todas partes, pero la encontró tan sólo en un hijo de Dios. Estoy seguro de que, en algún momento de tu vida, Dios te dará la respuesta que alguien necesita.

Capítulo 16

RECONOCE A DIOS

Si tuviéramos la oportunidad de hacerle una breve entrevista a José, yo imagino que él nos diría: "Mi sueño me llevó al 'hoyo' y luego a casa de Potifar. Lo que hice con mis manos me ascendió. Luego en la 'cárcel', aprendí a desarrollar relaciones y llegué hasta donde Faraón. Cuando estoy delante de Faraón, no importa mi sueño, no importa lo que puedo hacer con mis manos, ni mucho menos las relaciones que he formado en esta oportunidad. Sólo importa Dios. Es el momento de Dios y de yo depender de Él. No hay nada en lo físico que haya que mejorar en la casa de Faraón porque todo está perfecto. Tampoco puedo conectarme con alguien que me ayude porque ya los consultaron a todos. Sólo Dios tiene la respuesta".

Génesis 41:16 señala el momento de confiar totalmente en Dios. Hay algunos que han llegado al lugar donde sólo Dios puede hacer algo. Es un momento determinante porque si no le resuelves el problema a Faraón, regresas a la cárcel, quizás para siempre. Ése es un momento de "sólo Dios" porque tiene que ocurrir algo milagroso.

Todo lo que ha pasado en tu vida era para llevarte a este momento. En un momento tan crucial, lo más importante es que te quites del camino de Dios y dependas de Él; que le dejes a Dios hacer lo que va a hacer. Todo lo que ha pasado en tu vida fue preparación. José podía comenzar allí a depender de todo lo que había aprendido, pero entonces dependería de él y no de Dios. En ese momento, lo más importante es no ser estorbo para Dios. Nuestro peor enemigo somos nosotros mismos.

Hay momentos en nuestras vidas donde sólo Dios es quien tiene que intervenir. En este momento, ya has adelantado y has progresado. Podrías ponerte arrogante y tratar de depender de ti, pero debes tener la humildad suficiente para decir: "Sólo Dios". Sólo Dios es quien puede hacer esto. Él es quien te puede dar la respuesta. Llegó el momento de que levantes tus manos al cielo y digas que sólo Dios tiene la respuesta.

Entiende bien que Dios le dio el sueño a Faraón, pero la respuesta se la dio a José. Dios necesitaba a alguien limitado. Dios necesita a gente que sepa quitarse del camino cuando el Dios omnisciente y todopoderoso va a intervenir para cambiarlo todo. Estos momentos no son todo el tiempo. Son momentos donde tienes éxito, pero necesitas quitarte del medio para que Dios haga el milagro. Todo lo que hace falta para que tu vida cambie es un momento donde sólo Dios pueda actuar.

Cuando José reconoció a Dios ante Faraón, Dios le dio a José la respuesta que Faraón necesitaba. En ese momento, comenzó la manifestación tangible del sueño de Dios para la vida de José. El que estaba frente a Faraón era el mismo joven que fue vendido, el mismo joven que fue enviado a la cárcel. Era el mismo muchacho de quien el copero se había olvidado. Estaba el muchacho que tenía coraje con su familia. En ese momento crucial, si fallaba, retrocedería trece años.

Algunas personas han retrocedido en sus vidas porque en momentos de gran oportunidad, no han reconocido la necesidad de Dios. Tienes que reconocer que hay momentos donde no son tus estudios, ni tu sabiduría, ni tus relaciones los que van a prevalecer para que se realicen tus sueños, sino sólo Dios. Es necesario que tengas suficiente humildad para quitarte del camino y dejar que Dios haga lo que tiene que hacer. Esta es la cuarta etapa del proceso hacia la manifestación de la prosperidad divina. Es cuando aprendemos a depender totalmente de Dios.

José fue inteligente. Se quitó del camino y permitió que Dios entrara. En ese momento, es como si miráramos a José con una lupa. Aunque era el mismo muchacho, tenemos que verlo a través de los ojos de Dios en el momento de "sólo Dios". La lupa no hace más grande al objeto que se mira, pero sí magnifica nuestra visión del mismo. Cuando permitimos que Dios entre en estos momentos tan definitivos en nuestras vidas, eso es precisamente lo que ocurre. Nos vemos más grandes de lo que realmente somos porque nos vemos a través de los ojos de Dios.

Mira lo que dice Génesis 41:16: "*Respondió José a Faraón, diciendo: No está en mí; Dios será el que dé respuesta propicia a Faraón*". Fíjate que José dijo primero: "Dios será el que dé la respuesta. Dios es quien va a iniciar esto". Más adelante en el verso 25 dice: "*Entonces respondió José a Faraón: El sueño de Faraón es uno mismo; Dios ha mostrado*". El factor común que vamos a ver es Dios. José todo el tiempo está diciendo: "Dios". Cuando fue frente a Faraón, le dijo: "Dios dará la respuesta". Cuando Faraón le contó el sueño, José le respondió:

"Dios lo ha mostrado". Esto es parte del cuarto nivel hacia la prosperidad: seguridad de que Dios dará la respuesta.

Fíjate lo que dice el verso 28: "...*Lo que Dios va a hacer lo ha mostrado a Faraón*". Dios dará la respuesta, Dios lo ha mostrado y esto es lo que Dios va a hacer. Es el mismo factor: Dios, Dios, Dios, en tres diferentes niveles de acción. Veamos el verso 32: "*Y el suceder el sueño a Faraón dos veces, significa que la cosa es firme de parte de Dios, y que Dios se apresura a hacerla*". Dios dará la respuesta, Dios lo ha mostrado, Dios lo va a hacer y Dios lo va a hacer rápido.

Lo primero que yo quiero que observes de José en este capítulo, es el hecho de que él constantemente está repitiendo: "Dios, Dios, Dios"; "Dios dará la respuesta", "Dios es quien lo va a hacer", "Dios es quien ha dicho". Es Dios, Dios, Dios. Constantemente, una y otra vez, le da la gloria y el reconocimiento a Dios. Lo interesante de esta expresión es que, a menudo, la gente en las iglesias espera a que Dios haga algo para entonces darle la gloria. Por el contrario, tenemos a un hombre que sabía anticiparse, y antes de que sucediera lo esperado, antes de hablar sobre sus circunstancias, ya él estaba reconociendo a Dios en medio de su situación.

*Dios dará la respuesta, Dios lo
ha mostrado, Dios lo va a hacer
y Dios lo va a hacer rápido.*

El reconocimiento de Dios en medio de las dificultades y antes de las bendiciones es lo que nos da la seguridad de que tendremos la victoria. Hay gente esperando darle la gloria a Dios o dar testimonio después de que ciertas cosas pasen. Sin embargo, la anticipación de un hombre ante una circunstancia y el reconocimiento de que sólo Dios es quien da la respuesta, es lo que asegura la victoria que Dios le ha prometido.

Observemos ahora cómo cambió José durante su proceso, para llegar a esa conciencia de reconocer a Dios antes de la victoria. Si analizamos el capítulo 41 de Génesis, nos damos cuenta de que José no es el mismo hombre que presenta Génesis 37.

En Génesis 37 vemos a un joven aprobado y aceptado por su padre, con sueños, con visiones, con un futuro por delante. José era como muchos de nosotros que, en nuestros comienzos, estábamos llenos de sueños, visiones, ideas, retos y metas, mirando hacia el futuro con grandes expectativas. Teníamos muchas ilusiones acerca de las cosas grandes que Dios nos había prometido. En José vemos a un joven capaz de soñar una y otra vez, a pesar de la crítica por parte de su familia. Él vivió con la seguridad y la confianza de que su sueño se haría una realidad porque era idea de Dios.

Por otro lado, en Génesis 41, vemos a un hombre totalmente diferente. Ya han transcurrido trece años y aquel joven se ha convertido en todo un hombre. Dios no podía poner a José delante de Faraón cuando tenía diecisiete años porque a esa edad todavía se necesita ser cuidado y protegido. Frente a Faraón no se paran jóvenes, sino hombres que han madurado por las situaciones de su vida y llegan a la encrucijada de decidir su futuro.

Si tú estás delante de Faraón es porque has llegado al nivel en tu vida donde eres capaz de mirar a Faraón a los ojos. Faraón representa ese punto en tu vida, donde la próxima decisión que tomes te adelanta a tu destino en veinticuatro horas, o te hace retroceder todos los años pasados. En Génesis 41 hay un hombre que ha experimentado el rechazo, la traición, la difamación, las limitaciones de sus circunstancias, el dolor del olvido y el dolor de la soledad. Hay un hombre que ha experimentado lo que es pensar que se está moviendo hacia el frente, y cada paso que da, lo siente como si fueran dos pasos hacia atrás. Ha experimentado las peores circunstancias financieras de su vida, ha pasado por los peores lugares y por los momentos más difíciles. Es un hombre que por trece años lo que ha hecho es servir a otros, siendo un hombre llamado a ser servido.

Frente a Faraón no se paran jóvenes,
sino hombres que han madurado por
las situaciones de su vida y llegan a
la encrucijada de decidir su futuro.

Pero ¡qué grande es Dios, que pone delante de Faraón a ese tipo de hombre! ¡Qué grande es Dios que no pone a jóvenes delante de Faraón! Aunque hago la aclaración de que hay gente mayor de edad que se comportan como jóvenes y a veces hasta como niños. Sin embargo, delante de Faraón no hay espacio para niños porque esto no es juego de niños. Es una nación completa la que depende de este momento. Tienes que entender, en esta hora, que las próximas decisiones que tú tomes no son juego de niños. Delante de Faraón hacen falta hombres que hayan experimentado lo que es la vida, la difamación, la soledad, el rechazo, la traición, el dolor.

¿Quiere decir que tienes que pasar todo eso para que Dios te use? No. Lo que quiero decirte es que, aunque hayas atravesado todo eso, debes haber aprendido las debidas lecciones de esas experiencias. Te pregunto: ¿Has aprovechado a tu favor la difamación, el rechazo, la traición, las limitaciones geográficas, las limitaciones financieras? "Pastor, ¿pero cómo yo las puedo aprovechar?" Bien fácil. Las has aprovechado cuando cada experiencia de la vida desinfla tu ego, y no tu deseo de seguir hacia adelante, ni tu deseo de continuar y alcanzar grandes cosas.

En Génesis 41 vemos a un hombre sin ego, pero con el deseo de seguir hacia adelante. Vemos a un hombre hecho y derecho por las situaciones y circunstancias que ha atravesado en su vida, pero sin ego. ¿Cómo yo sé que no tiene ego? Porque la persona reconoce que "sólo Dios". Sólo los que han aprendido la lección luego de haber sido difamados, traicionados y rechazados, son los que pueden pararse frente a Faraón y decir: "¡Sólo Dios!"

Hay hombres que han pasado por las mismas experiencias, pero tienen tanta sed de venganza que desperdician el momento oportuno para salirse del camino y dejar que Dios actúe. Yo espero que hayas aprovechado bien tus años porque ¿de qué habrán servido todas las experiencias que has vivido, si tu ego se hace más fuerte? ¿Cómo yo sé si el ego se hace más fuerte? Cuando estoy frente a Faraón y digo: "Yo voy para adelante, yo lo voy a hacer, de ésta salgo yo, de ésta me levanto yo". No, no, no. Un hombre que ha aprendido la lección, ¿sabes qué dice? "De esta sólo me saca Dios. Si Dios es conmigo, ¿quién contra mí?"

El pensamiento positivo suena bien bonito. La autoestima es buena, pero la autoestima mía proviene de mi relación con Dios. Mi autoestima no viene de lo que yo puedo hacer; viene de lo que Él puede hacer por mí. El pensamiento positivo no viene de mí porque mi mente no tiende a pensar lo positivo. Mi mente todo lo que ve es oscuro, lo que ve es dificultad, problema. Pero en ese momento cuando estoy mirando a Faraón de frente, es que tengo que tomar la decisión correcta. La promoción está a veinticuatro horas de mí. La promoción está cerca.

Lo que hace falta es que tú midas bien tus palabras. Tus palabras me dicen si aprendiste las lecciones de la vida. Cuando tenías diecisiete años, pensabas que te ibas a llevar el mundo por delante y sin embargo, fue el mundo quien te llevó por delante a ti. Cuando tenías diecisiete años, soñabas con cosas bien grandes. Sin embargo, quien alcanza el sueño, no es el mismo joven de diecisiete años. Sigue estando el mismo sueño, pero no es el mismo hombre. Y el mismo que soñó un sueño en tu vida hace veinte años, no es el mismo que va a alcanzar ese sueño. Lo único importante es si tú aprendiste bien tus lecciones.

¿Cuántos de nosotros, en los momentos difíciles, pensamos que estamos hablando bien, que estamos hablando positivo, y es todo lo contrario? Le hemos dicho a los que están a nuestro alrededor: "Yo me voy a levantar de ésta, yo voy a salir, yo voy a pasar ésta, yo saldré de esta situación". ¿Cuál es la palabra que prevalece? Yo, yo, yo. ¿Y dónde dejaste a Dios? Si no reconoces tu dependencia de Él, quiere decir que sigues con la misma mentalidad de hace trece años. Sigues con la misma mentalidad que te metió en el hoyo, que te metió en la casa de Potifar y que te metió en la cárcel.

Cuando a los diecisiete años de edad tú contaste tus sueños a todo el mundo, lo hiciste de la forma incorrecta. Caminabas con tu túnica de muchos colores porque tenías el mundo por delante. Y permíteme decirte que la vida tiene una capacidad impresionante de doblegarnos. Mira si es así, que al pasar de los años, queramos o no, la vida nos doblega físicamente.

Mientras más rápido tú madures y extiendas tus manos, entenderás que no es a dónde tú quieres ir, sino a dónde Dios te va a llevar. Cuando tú entiendas eso, entonces Dios te podrá poner delante de Faraón. Hay personas que dicen: "Ay, pastor, ¿por qué Dios no me ha presentado esas oportunidades, por qué Dios no me ha puesto en esos lugares, por qué todavía yo no veo esos momentos?" A lo mejor Dios sabe que no estás preparado y que, si te pone allí frente a Faraón, le vas a decir: "Yo lo voy a hacer", en vez de "Dios lo va a hacer". Y si lo haces tú, vas a quedar mal. Pero si tú dejas que sea Dios el que te levante, quien te dé la victoria, quien te lleve al lugar correcto, entonces Él lo va a hacer bien.

Igual que José, después de trece años, tú tampoco eres el mismo de hace diez años. ¿Aprendiste de la difamación que sufriste en ese tiempo? ¿Qué aprendiste: a difamar o a decir "sólo Dios"? ¿Qué aprendiste de la traición? ¿A no confiar en nadie más? "Sí, pastor, yo no confío en más nadie". "¿Pero confías en ti mismo?" Pues dice la Palabra que maldito el hombre que confía en otro hombre.

"Sí, pero yo no confío en más nadie. Yo confío en mí". Exacto. En el menos que tú puedes confiar es en ti porque el más que te ha traicionado eres tú mismo. ¿Cuántas veces has dicho que vas a hacer algo, y tú mismo te saboteas? ¿Cuántas veces has dicho que vas a vivir una vida recta para Dios, y tú mismo te traicionas? Ante la primera tentación, vuelves y cedes. ¿Cuántas veces has dicho que vas a rebajar, y ante el primer bizcocho de chocolate que ponen delante de ti, cedes a la tentación? "Ah, pero eso no es nada". Sí, eso es traición, y si tú no puedes confiar en ti mismo, no puedes confiar en nadie. Por eso es que tú tienes que aprender la lección.

Por eso la lección correcta de la traición es, no que no voy a confiar en más nadie, sino que voy a confiar sólo en Dios. ¿Qué has aprendido ante el rechazo, a encerrarte y a no recibir a más nadie, para que no te hieran más? ¿O el rechazo te ha enseñado que sólo Dios es quien te ama por encima de todos tus errores, situaciones y que Él tiene algo más grande para tu vida? ¿Has llegado a aprender que "sólo Dios", o lo que has hecho con el rechazo es simplemente ajustarte a lo que el mundo quiere, para tratar de ganar la atención del mundo? Si lo que estás haciendo es tratar de ganar la atención del mundo, sigues siendo el mismo niño de diecisiete años y no te queda más nada que el hoyo, la casa de Potifar y la cárcel, hasta que aprendas la lección. Dios pone delante de Faraón sólo a hombres ungidos por Él, que han aprendido única y exclusivamente a confiar en Él.

En Génesis 37 vemos a un joven que tan pronto soñó un sueño, comentó: "Dios dijo". En Génesis 41 hay un hombre delante de Faraón que dice: "Sólo Dios me dará la respuesta". ¿Habrás aprendido la lección correcta? ¿Habrás aprendido ya que sólo Dios? En la vida de José, vemos ese crecimiento. Y lo interesante es que cuando analizamos las pesadillas de nuestra vida, son tan reales en nuestra mente que a menudo sobrepasan todo lo que Dios ha establecido para cada uno de nosotros. En vez de aprender la lección correcta, cometemos el error de seguir metiéndonos en el camino de Dios. No nos damos cuenta de que sólo Dios es quien puede darnos la victoria por encima de toda pesadilla, de toda circunstancia difícil. Tienes que entender que Dios es más real que cualquier otra cosa.

Capítulo 17

AFIRMA A DIOS EN TODO MOMENTO

H AY UNA SOLA actitud que debes afirmar cuando sabes que dependes de que Dios obre a tu favor: declarar exactamente las respuestas que José dio a Faraón. Sin embargo, antes quiero que entiendas tres cosas bien importantes de la vida de José, aplicables a tu vida.

Primero: sólo los soñadores reinan. Sólo los que sueñan, reinan. Si tú no tienes un sueño, alguien está reinando sobre ti. Todo lo que ha querido hacer el enemigo es que la pesadilla de tu vida sea más real que el sueño que Dios ha depositado en ti. La única lección que tienen que darte las circunstancias, es que sólo Dios puede llevarte a realizar tu sueño. No es que tus sueños no se van a realizar. Es que sólo Dios los podrá manifestar en tu vida. Yo quiero que tú recuerdes que cuando tú estabas comenzando, tú te sentías en la cima del mundo porque tenías sueños y visiones. La vida te ha azotado y te ha doblegado, pero ha sido para bien, no ha sido para cancelar tus sueños.

La lección no es que no se puede, sino que sólo se puede en Él y con Él. La lección no es que no lo puedes lograr; es que sólo puedes lograrlo con Él. La lección no es que no lo puedes lograr porque no tienes amigos; la lección es que lo puedes lograr por encima de tus amigos. La lección no es que no lo puedes lograr porque tu familia no cree en ti; la lección es que lo puedes lograr aunque tu familia no crea en ti. Porque sólo Dios, sólo Dios te puede dar la victoria. Reconocer que solamente Dios puede llevarte hasta tu sueño, requiere humildad.

Primero: un soñador es sensible.

Quiero aclararte algo. Humildad no quiere decir que vas a caminar con la cabeza baja. Humildad quiere decir que tú vas a reconocer que sólo Dios es el que lo puede hacer; que tus fuerzas sólo pueden depender de Dios. Lo que la vida te debe haber enseñado no es a dejar de soñar, sino a entender que lo que un día soñaste, todavía lo puedes lograr, sólo si Dios te da la respuesta y te lleva a ese lugar. Así que sécate las lágrimas y comienza a vivir. Párate firme frente a Faraón, míralo a los ojos, y dile: "Yo no soy el mismo niñito de hace diecisiete años o de hace trece años. Todavía tengo los mismos sueños y Dios me ha dicho que tiene algo conmigo, pero ahora me doy cuenta de que sólo Dios".

Veamos lo que dice el Salmo 105:15: *"No toquéis, dijo, a mis ungidos, ni hagáis mal a mis profetas. Trajo hambre sobre la tierra, y quebrantó todo sustento de pan. Envió un varón delante de ellos; a José, que fue vendido por siervo. Afligieron sus pies con grillos; en cárcel fue puesta su persona. Hasta la hora que se cumplió su palabra, el dicho de Jehová le probó".*

Pastor, ¿hasta cuándo yo voy a pasar estas cosas? Hasta que se cumpla la palabra.

Segundo, el favor más grande que te hace la vida es traer contradicciones y retos a lo que Dios te ha dicho. Muchos le han dicho al Señor: "Señor, ¿cuándo es mi tiempo? Mira todo lo que he pasado". Muchos le dicen en sus oraciones: "Señor, ¿pero cuándo llegará mi momento, tú no has visto todas las cosas que han pasado en mi vida? ¿Cuándo llegará mi tiempo de ser feliz? Yo que te he servido, yo que he hecho todas estas cosas, yo que diezmo, ofrendo, trabajo en el ministerio… y mira todo lo que me ha pasado".

El favor más grande que te hace
la vida es traer contradicciones y
retos a lo que Dios te ha dicho.

La vida nos hace creer que la fórmula es: Sueños + Problemas + Proceso = Destino. No es así. La vida de Dios no es ésa. Lo que te da a ti la oportunidad, el derecho, el valor de alcanzar tus sueños, no es el hecho de que tengas problemas o hayas pasado por ellos. Ésa no es la combinación correcta. La combinación correcta la vemos en Hebreos 4:1, que dice: *"Temamos, pues, no sea que permaneciendo aún la promesa de entrar en su reposo, alguno de vosotros parezca no haberlo alcanzado. Porque también a nosotros se nos ha anunciado la buena nueva como a ellos; pero no les aprovechó el oír la palabra, por no ir acompañada de fe".* Lo que aprovecha es cuando la Palabra se combina con fe.

Presta atención. ¿Cómo tú vas a operar en fe si no hay contradicción y retos en tu vida? Lo que hace que algo se manifieste es Palabra y fe, ¿pero cómo vas a levantar fe si no hay contradicciones y retos? Dios ya te dio la fe. Tú la tienes que ejercitar. Dios te da la Palabra. El mundo se encarga de traer contradicciones y retos. Éstos son tu oportunidad de aplicar fe, que unida con la Palabra de Dios, destruirá las contradicciones y vencerá los retos a los que te enfrentes.

Dios puso en cada uno de nosotros una medida de fe y nos dio su Palabra. Los ingredientes correctos para manifestación son: PALABRA + SUEÑO + FE. Así que los retos y las contradicciones son tu oportunidad de mezclar el ingrediente correcto con la Palabra que Dios te dio, para que se realice todo lo que Dios te ha dicho. Entonces, la Palabra con fe trae manifestación. Ésa es la diferencia.

Tercero: El José de Génesis 41 aprendió a vivir declarando...

1. "Dios dará la respuesta"

2. "Dios lo ha mostrado"

3. "Dios lo hará"

4. "Dios lo hará rápido"

Estas cuatro declaraciones son las únicas que deben salir de tu boca constantemente. Cuando venga Faraón a retarte, cuando venga la gente a decirte cualquier cosa y cuando vengas a pararte en ese lugar de oportunidad y posibilidades, ésa será tu declaración. Cuando los hombres maduros están en momentos difíciles en sus vidas, aprenden a vivir por esas cuatro frases: Dios dará la respuesta, Dios lo ha mostrado, Dios lo va a hacer y Dios lo va a hacer rápido.

Los ingredientes correctos para manifestación son: PALABRA + SUEÑO + FE.

Cuando estés ante un problema financiero, lo único que tú debes declarar es que Dios te dará la respuesta. ¿Cómo yo estoy tan seguro? Bien fácil. Porque Dios lo ha dicho, Dios lo ha mostrado, Él lo va a hacer, y lo va a hacer rápido. Ante el problema difícil, ante la circunstancia, los soñadores sabemos pararnos y vivir bajo los decretos divinos, bajo la palabra profética de Dios. Aquellos que hemos vivido situaciones difíciles en nuestra vida sabemos que lo único que puede sostenernos es la poderosa Palabra de Dios. Lo único que hablamos es que Dios lo va a hacer. Si todavía no sé lo que va a pasar, lo único que sé es que Dios dará la respuesta. Después de eso, hablo de lo que Dios me ha dicho, lo que Dios me ha mostrado, lo que Dios va a hacer, y ¿sabes qué? lo va a hacer rápido. Lo va a hacer ya.

"Dios dará la respuesta"
"Dios lo ha mostrado"
"Dios lo hará"
"Dios lo hará rápido"

Cuando tu familia o en tu trabajo te cuestionen, lo único que debes decir y lo único que debes declarar, es lo que Dios ha dicho que va a hacer y que hará rápido. Hay momentos en nuestras vidas donde sólo Dios es quien tiene que intervenir. La Biblia dice: *"Mi Dios, pues, suplirá todo lo que os falta conforme a sus riquezas en gloria en Cristo Jesús"* (Filipenses 4:19). El Salmo 23 dice: *"Jehová es mi pastor; nada me faltará…"*.

Eso es lo que Él ha dicho, eso es lo que yo voy a vivir, bajo eso es que voy a caminar. Pastor, ¿bajo qué usted va a vivir? Bajo lo que Dios me ha dicho, bajo lo que Dios va a hacer, y lo que va a hacer rápido. ¿Bajo qué tú debes vivir? Bien fácil. Sólo Dios nos dará la respuesta, sólo Dios nos dará la victoria. Y de ahí en adelante, lo único que debes hablar es: "Dios me lo mostró, Dios me mostró que me daría esa casa, Dios me mostró que me daría ese carro, esa empresa, la victoria, una familia, me mostró que nos daría las naciones, Dios me mostró que iba a ser libre de deudas, Dios lo mostró".

Y Dios dijo que Él lo va a hacer porque Él es un Dios que cancela deudas. Y te adelanto algo, Él no lo va a hacer de aquí a treinta años. Él lo va a hacer rápido. Y bajo eso es que tú vas a vivir, bajo eso es que vas a caminar. Cada vez que tú vas a la iglesia, tú le estás diciendo al mundo que sólo Dios te puede dar la respuesta.

Por eso es que tú y yo no podemos avergonzarnos de ir a la iglesia, porque cada vez que vas a la iglesia, lo que le estás diciendo a tu esposo o esposa que se quedó en casa, a tus hijos, a tu jefe (que le dijiste que no puedes trabajar los domingos porque tienes que ir a la iglesia), es que sólo Dios te da la respuesta. Sólo Dios te hace vivir. Ésa es la declaración que debemos hacer todos los días.

José fue retado durante trece años antes de alcanzar toda una vida de riquezas. A los treinta años logró alcanzar su sueño. Murió a los ciento diez años, siendo el rey de Egipto. Y te pregunto: ¿No fue un buen negocio luchar durante trece años para lograr ochenta años de abundancia y ver el sueño divino realizarse? "Pastor, es que yo llevo más de trece años". Es que no has aprendido lo que aprendió José en trece años.

Insisto. Sólo Dios tiene la respuesta. Él te lo ha mostrado, Él lo va a hacer y lo va a hacer rápido. ¿Qué quiere decir rápido? Que mis ojos podrán ver lo que Dios va a hacer. No moriré sin ver la promesa de Dios cumplida en mi vida.

Es necesario que levantes en ti la confianza para pararte frente a tu problema, y estar seguro de que Dios va a estar contigo y te dará las palabras que tendrás que decir. Dios te dará el plan. Dios te dirá lo que tienes que hacer. Dios es quien te va a dar la respuesta a tu problema.

Si esa persona no está en tu vida en el día de hoy, es

porque Dios no quiere que esté. ¿Y quién eres tú para traer otra vez a tu vida a alguien que Dios no quiere que esté? Si ese negocio no está en tu vida hoy, ¿por qué sufrir por algo que Dios no quiere que esté en tu vida hoy, si Dios tiene algo nuevo para ti? Si ese trabajo no lo tienes hoy, entiende que Dios ya terminó con eso y tiene algo nuevo para ti. Hoy tú vas a empezar a sentir la confianza y la seguridad de que Dios te dará la fuerza para mirar a Faraón y decirle: Dios me dará la respuesta.

Cuando estás en depresión, tristeza y preocupación, eres como un carro estancado en el fango. Gastas todas tus energías y te quedas en el mismo lugar. Los creyentes tenemos que aprender a hacer una sola cosa: a descansar en el Señor. Sabemos que si Dios tiene que enviar un angelito para que dé un empujoncito, lo hará. Todo lo que se necesita es un empujoncito. La clave es quién está dando el empujoncito: Dios o tú. Porque déjame decirte que si eres tú, te aseguro que te enterrarás cada vez más.

Tres cosas mantienen tu corazón humilde ante Faraón: entender que la sabiduría viene de Dios, atreverte a dar testimonio antes de que se manifieste, y comprometer a Dios con tus palabras delante de la gente. Compromete a Dios y compromete la Palabra de Dios. Dile: "Tú has dicho". Y párate frente a tu jefe, frente al mundo y diles: "Dios me dará la respuesta. Él lo va a hacer". Si tú quieres solución para tu vida, haz de tu problema el problema de Dios.

La gente inteligente como José dice: "Si fracaso, es Dios.

Y si tengo la victoria, es Dios". Así que más vale que Dios no quiera dañar su nombre y haga lo que tiene que hacer aquí y pronto, porque es Dios quien me va a dar la respuesta. Pastor, ¿cómo usted se atreve a decir eso? Eso fue lo que Él dijo. Jesús dijo: *"Venid a mí todos los que estáis trabajados y cargados, y yo os haré descansar"* (Mateo 11:29). El Salmo 55:22 dice: "Echa sobre Jehová tu carga, y él te sustentará". De eso se trata el Evangelio.

Dile a Dios: "Señor, de ahora en adelante, éste es tu problema. Yo he creído en ti, mi hijo es tu problema porque yo te sirvo a ti, y tu Palabra dice: *"Cree en el Señor Jesucristo y serás salvo tú y tu casa"*. Mete a Dios en el asunto. Dios no va a quedar mal.

Si tú quieres solución para tu vida, haz
de tu problema el problema de Dios.

Cuando diezmas y ofrendas, eso es lo que estás haciendo: metiendo a Dios en tus finanzas. Da testimonio desde ya, párate frente a Faraón y dile: "Dios me va a dar la respuesta, Dios me va a dar la solución". Y un día, dirás la frase que más le molesta a los esposos que las esposas les digan: "Yo te lo dije".

Yo no sé cuánto tiempo va a pasar, pero un día, tú te vas a parar frente a tus familiares y a todos los que están a tu alrededor, y les vas a decir: "Yo se los dije. Dios me iba a dar la respuesta y aquí estoy, miren lo que Dios ha hecho, miren dónde estoy".

Capítulo 18

EL PLAN DE DIOS PARA
LA ABUNDANCIA

Una cosa es interpretar el significado de un sueño, y otra es recibir la revelación de cómo resolver la situación del sueño. José no tan sólo recibió de Dios que había siete años de riqueza y siete años de pobreza, sino también un plan para que el pueblo no muriera de hambre. No se trataba de qué hacer en los años de pobreza, sino qué hacer en los años de riqueza. El plan era para administrar sabiamente la abundancia que ya tenían en sus manos. Era un plan para la abundancia. Es importante entender este concepto porque si planificamos de una manera distinta, cometeremos errores. Cuando el hombre no planifica qué hacer con las bendiciones que Dios le da, permanece en constante pobreza y necesidad.

Examinemos ahora el plan que Dios le dio a José. Aquellos que conocen la historia saben que Faraón soñó que había siete vacas gordas frente al Nilo y siete vacas flacas. Las flacas se comieron a las gordas. Había siete manojos de espigas, bellos y preciosos. Había algunos raquíticos, dañados, y los raquíticos se comieron a aquellos que eran hermosos. Dios le dio la respuesta a José. Dios le avisó a Faraón, a través de José, que venían siete años de abundancia y siete años de pobreza. Le instruyó a prepararse para los siete años de abundancia, para que cuando vinieran los tiempos de pobreza y de maldición, el pueblo de Egipto tuviera provisión.

*El plan era para administrar sabiamente
la abundancia que ya tenían en sus
manos. Era un plan para la abundancia.*

Lo que Dios estaba haciendo con José era convirtiéndolo en alguien proactivo. La Iglesia siempre ha vivido reaccionando. Le servimos a un Dios basado en nuestras reacciones. Yo no quiero enseñarte a reaccionar a los problemas. Dios no es un Dios de reacciones; Dios es un Dios proactivo. Dios tiene la capacidad de prepararte para las dificultades. El plan que Dios le dio a José no era para la pobreza, sino para la abundancia. El plan era para vivir en el tiempo de escasez como si no hubiera pobreza. Dios piensa al revés de los cristianos.

El ser humano vive la vida reaccionando. La gente tiene problemas médicos porque reacciona. Esperan tener un dolor para entonces ir a investigar, cuando lo mejor sería hacerse un examen médico preventivo. No necesitarías estar en corte si llamaras a los abogados antes de firmar el contrato. Dios quiere darte un plan para el futuro. Quiere abrirte los ojos y decirte que vienen tiempos de problemas, tiempos de dificultades, pero Él te va a dar la solución antes de que lleguen. Tú vas a saber cómo administrar siete años de riqueza. Dios da ese plan, por revelación.

Yo quiero que entiendas que lo que estaba trayendo Dios a José era revelación. Tú necesitas revelación para las temporadas que vendrán para tu vida. Acude a tu Dios de estrategias, siguiendo estos pasos:

Primero: Pide revelación a Dios para las temporadas que vendrán y se repetirán. Tú no puedes seguir viviendo de la misma manera que has vivido. Dios te puede dar revelación y sabiduría por adelantado.

Segundo: Anticípate a los tiempos negativos para sobrevivir a ellos. La revelación trae anticipación.

Tercero: Diseña una estrategia de vida. Tú no puedes seguir viviendo sin estrategia. Por eso reaccionas constantemente. No sabes qué vas a hacer mañana, no sabes para dónde vas la semana que viene, no sabes qué vas a hacer el año que viene.

Cuando Dios te habla, lo hace con una estrategia desarrollada. Dios te dice lo que va a pasar y lo que tienes que hacer. Para vivir en los tiempos de pobreza y problemas bajo el orden divino, no tan sólo necesitamos la estrategia. Tenemos que implementarla.

Cuarto: Implementa la estrategia. Tú vas a los cultos y Dios te da estrategias, sabiduría y revelación, pero pocos las implementan. La Biblia dice que no podemos ser oidores olvidadizos, sino hacedores de la Palabra. Si no implementas la Palabra de Dios, nada va a ocurrir en tu vida. Dios te va a dar estrategias, pero tienes que ponerlas en acción.

Quinto: Verifica resultados. Desarrolla el hábito de revisar y verificar si lo que haces está dando resultado.

Ésos son los cinco componentes que Dios le dio a José

dentro del plan para la abundancia, que lo preparó para las próximas temporadas. Aplícalos a tu vida en todas las áreas: financiera, en el matrimonio, con tus hijos, en tu trabajo.

Tú tienes que pedirle revelación al Señor. Tienes que pedirle que te anticipe a los tiempos. Sería más fácil que en vez de reaccionar a los problemas de tus hijos, supieras por adelantado y desarrollaras el plan a implementar. Un día alguien me dijo: "Pastor, tengo una emergencia, mi hijo va para la universidad". Y yo pensé: "Pero es que desde que nació hace dieciocho años, tú sabías que ese día iba a llegar. ¿Cómo no te anticipaste y creaste una estrategia? Mucho menos la implementaste y, peor aún, no verificaste".

¿Verificaste tú los resultados de tu vida este año que pasó? ¿Verificaste si lo que dijiste que ibas a hacer, lo hiciste? ¿Verificaste cuáles cosas están funcionando o no en tu vida para saber qué vas a eliminar, qué vas a cambiar, qué vas a mover?

Primero: *Pide revelación a Dios para las temporadas que vendrán y se repetirán.*
Segundo: *Anticípate a los tiempos negativos para sobrevivir a ellos.*
Tercero: *Diseña una estrategia de vida.*
Cuarto: *Implementa la estrategia.*
Quinto: *Verifica resultados.*

Capítulo 19

EL PLAN FINANCIERO DE DIOS

"…El asunto pareció bien a Faraón y a sus siervos, y dijo Faraón a sus siervos: ¿Acaso hallaremos a otro hombre como éste, en quien esté el espíritu de Dios?" (Génesis 41:37)

L O MÁS IMPORTANTE de estos versos es la expresión de Faraón cuando dice que vio al espíritu de Dios sobre José. Faraón no vio el espíritu de Dios sobre José porque él hablara en lenguas o se cayera bajo la unción. Es más, José no había tenido éxito real en toda su vida. Él no se presentó allí con una hoja de vida que mostrara su preparación académica, profesional, los logros alcanzados y algunas referencias. No. Lo único que José tenía delante de Faraón era el referido de un empleado de Faraón que decía que él sabía interpretar los sueños y los tiempos. Y además tenía un plan que Dios le había mostrado.

Permíteme detenerme aquí por unos minutos para darte unos detalles de economía bíblica. En el tiempo de abundancia, José lo que hizo fue llevar a Egipto a vivir por debajo de sus recursos. Ellos podían vivir con el cien por ciento, pero decidieron vivir con el ochenta por ciento. Es mejor vivir con el ochenta por ciento en el tiempo de abundancia, para vivir con el cien por ciento en el tiempo de pobreza.

Soy un hombre que creo en prosperidad. Creo que si tú siembras dinero, Dios te va a retribuir con dinero porque todo lo que tú siembras, cosechas. La Biblia nos habla de que Dios cancela deudas. La Biblia nos habla de milagros financieros, de que se pueden multiplicar los panes y los peces, de que hay dinero milagroso para pagar los impuestos.

Sin embargo, creo que Dios no le puede dar una cosecha a alguien que no tiene un plan para esa cosecha. Yo creo que todo mensaje de prosperidad balanceado tiene que ir acompañado de dos cosas: fe para diezmar y ofrendar, y un plan financiero. Tu plan financiero, lo que le dice a Dios es: "No voy a desperdiciar lo que me vas a dar, tengo un plan responsable y detallado".

Dios te da un plan para los momentos difíciles. Activar ese plan comienza con fe, creyendo que Dios te puede sacar de la situación en la que te encuentras. Tienes que elevar tu conciencia a la conciencia de José. La conciencia de José es vivir en el tiempo de abundancia por debajo de nuestros recursos, preparando nuestras vidas para vivir en los momentos difíciles y podernos posicionar en un mejor lugar.

La Biblia dice que José ordenó que Egipto guardara el veinte por ciento. Esto me hace recordar que la Biblia dice que hagamos tesoros en los cielos. Cuando diezmamos, ponemos tesoros en los cielos y preparamos nuestra vida para la abundancia. Pero el hecho de que tú diezmes no quiere decir que no vas a ahorrar. El plan de economía bíblica es que yo diezmo el diez por ciento y ahorro el diez por ciento, y por encima de eso ofrendo y multiplico. Si tú no diezmas, deberías comenzar a diezmar. La Biblia dice *"Traed todos los diezmos al alfolí y haya alimento en mi casa; y probadme ahora en esto, dice Jehová de los ejércitos, si no os abriré las ventanas de los cielos, y derramaré sobre vosotros bendición hasta que sobreabunde"* (Malaquías 3:10).

Nunca pongas en tela de juicio la promesa de Dios en esa área, pero así mismo, tan pronto diezmes, haz un cheque de la misma cantidad para ahorros. "Pastor, pero es que no me da para pagar el cable TV". Pues entonces hay algo demás. No es el diezmo, no es el ahorro, es el cable TV. "Pastor es que si diezmo y ahorro, no voy a poder pagar uno de los carros". Pues entonces hay algo demás. Si no es el diezmo ni el ahorro, entonces es el carro. Todos hemos tenido que vivir sin cosas que pensábamos eran indispensables. Sin embargo, en el tiempo de dificultad hemos tenido que hacer los recortes necesarios.

La mayoría de los gastos que tienes en tu casa están demás. Muchas familias tienen más de cinco televisores, uno para cada cuarto. Le piden a Dios: "Señor, dame una oficina". Ahí la tienes, en uno de esos cuartos. Pon tu oficina en uno de esos cuartos. Si vives en Puerto Rico o Estados Unidos, podrías deducirlo de tu planilla de impuestos. Comienza a cambiar tu vida. Comienza a ser proactivo.

Si no vives tu vida por debajo de tus recursos, te encontrarás mendigando de aquellos que hicieron planes para su futuro. Disciplínate hoy a vivir por debajo de tus recursos. Haz planes para la abundancia. Si tienes para el cien por ciento, vive por debajo de ellos. Diézmale a Dios y luego hónrate a ti, ahorrando.

Lo que José hizo fue prosperar en momentos difíciles y hacer que Egipto fuera más próspero mientras el mundo mendigaba. Tú y yo debemos entender que para los hijos de Dios, no debe haber años de vacas flacas. Deja de esperar que vengan los años de vacas gordas y entiende que están aquí porque Dios te ha dado sabiduría e inteligencia. Lo único que tienes que hacer es vivir por debajo de tus recursos y, sin darte cuenta, vas a ver cómo Dios te va a posicionar en el lugar correcto. ¿Qué años de vacas flacas hay en tu vida? Ninguno, si tú eres capaz de correr por todo Egipto y disciplinar a todo el mundo.

Para desarrollar un plan financiero en el hogar, tienen que estar incluidos tanto el marido, la esposa y los hijos. Analiza qué hay demás, qué tienes extra. Si no lo haces, vas a vivir amargado, frustrado y concentrado en los tiempos difíciles. Tú y yo nos preparamos en el año de la abundancia, y los años de abundancia son en este momento. En Proverbios 13:23 dice que *"En el barbecho de los pobres hay mucho pan; mas se pierde por falta de juicio"*. Si pierdes el pan es porque no tienes conocimiento. No podrás llegar al cielo y decir: "A mí no me dijeron eso". Sí lo sabías y sí te lo dijeron.

Volvamos al ejemplo de José. Él era un hombre especial. Sabía conocer los tiempos y hacer un plan. Todos tenemos que comenzar a hacer un plan y empezar a hacer los ajustes necesarios. José era un hombre prudente. Dios no puede llevar al palacio a gente imprudente. La prudencia te va a llevar a lugares donde un doctorado no te puede llevar. Yo le pido a Dios que ponga a mi lado gente prudente. No necesito empleados con doctorados, pero sí empleados prudentes. Lo triste es que a la imprudencia no se le puede enseñar prudencia.

La prudencia es la capacidad de saber hablar y actuar en

cada situación de la vida. Saber que cuando estoy en mi casa, me puedo comportar de una manera que no me puedo comportar en la iglesia. Eso es prudencia: saber que en mi casa se me permiten unas cosas, pero en la iglesia no; saber qué puedo decir delante de quién y qué cosas no puedo decir. José sabía eso. La prudencia te va a llevar a muchos lugares. Veamos más acerca de la prudencia de José.

> *"Y dijo Faraón a José: Pues que Dios te ha hecho saber todo esto, no hay entendido ni sabio como tú. Tú estarás sobre mi casa, y por tu palabra se gobernará todo mi pueblo; solamente en el trono seré yo mayor que tú" (Génesis 41:39-40).*

Mientras los creyentes no entiendan que Dios nos ha llamado a gobernar, otros seguirán ocupando el lugar que nos corresponde. ¿Quién gobernará sino tú?

Dios nos quiere llevar a gobernar en la casa de Faraón. El problema que hay en las iglesias es que los cristianos quieren gobernar sólo en la casa de Dios y no en la casa de Faraón. No necesitamos más jefes en la casa de Dios. Las iglesias necesitan gente inteligente, con un plan que pueda gobernar en el mundo. En las iglesias hay gente que debe terminar sus estudios y lanzarse a impactar nuestra sociedad desde diferentes plataformas sociales. Llegaron a la iglesia y abandonaron sus estudios cuando Dios quería posicionarlos para gobernar en la casa de Faraón. *"¿Quién gobernará sino tú?"*, le dijo Faraón a José. Muchas veces criticamos a aquellos que están en posiciones de poder, pero mientras los creyentes no entiendan que Dios nos ha llamado a gobernar, otros seguirán ocupando el lugar que nos corresponde. ¿Quién gobernará sino tú?

Capítulo 20

DIOS QUIERE PRESERVAR TU VIDA

Muchos dirán: "Pastor, pero yo estoy en las vacas flacas y no me preparé para este tiempo, ¿qué hago?" Lo grande y maravilloso de la misericordia de Dios es que Él tiene a un hebreo en Egipto, que es José, preparándose en el año de las vacas gordas para los años de las vacas flacas, de modo que su familia tenga dónde comer en los años de las vacas flacas.

Dios se anticipa a ti y se prepara antes que tú. Yo quiero que tú aprendas a vivir como José. Sin embargo, también quiero que entiendas que si estás viviendo en el tiempo de las vacas flacas, Dios tiene a un José que la Biblia dice que mandó delante de ti, para que tu vida se preservara. Tu vida no se va a perder. Lo único que tú puedes hacer es creerle a Dios, que en medio de las vacas flacas, Él va a preservar tu vida.

Quizás tú no lo has entendido, pero estás leyendo este libro porque Dios preservó tu vida. La Biblia dice en el libro de Génesis 43:11 *"Entonces Israel su padre les respondió: Pues que así es, hacedlo; tomad de lo mejor de la tierra en vuestros sacos, y llevad a aquel varón un presente, un poco de bálsamo, un poco de miel, aromas y mirra, nueces y almendras"*. Jacob (Israel) no sabía que aquel varón era su hijo, a quien Dios había escogido para ese tiempo que Jacob no se preparó. ¿Por qué Jacob no se preparó? Porque Jacob estaba deprimido, había dejado de soñar porque le habían mentido y él había creído la mentira. Le habían dicho: "Tu hijo está muerto". Aquello había causado que aquel hombre dejara de soñar.

Pero en medio de todo eso, Dios tiene un plan. Cuando

tu plan falla o no haces planes, la misericordia infinita del Dios todopoderoso tiene un plan para tu vida. La Biblia dice que tomaron aquella ofrenda, el dinero de Jacob, y lo llevaron frente a José. Entonces cuentan las Escrituras que José envió carros a buscar a Jacob. Y cuando le dijeron a Jacob: *"José vive aún"*, la Palabra dice: *"Y el corazón de Jacob se afligió porque no los creía"*. Pero de momento alzó los ojos, y dice la Biblia *"…y viendo los carros que José enviaba para llevarlo, su espíritu revivió"*.

*Cuando tu plan falla o no haces
planes, la misericordia infinita del Dios
todopoderoso tiene un plan para tu vida.*

Si tú estás en los tiempos de abundancia, sé inteligente, sé como José, busca revelación, anticípate, desarrolla una estrategia, impleméntala y verifícala. Pero si estás en los tiempos de vacas flacas como Jacob, Dios no te va a dejar, Él no te va a abandonar. Dios tiene un plan para preservar tu vida. El milagro más grande que tú puedes decir es: "Dios me ha preservado, hasta aquí me ha traído Dios".

Si hasta este momento no has perdido la casa, rehúsate, y di: "Yo no la pierdo, voy a creer. Señor, perdona mi ignorancia, perdóname por cuanto estaba deprimido y usé mis tarjetas de crédito sin conciencia. Perdóname porque dejé de soñar, perdóname porque le di dinero al otro, boté por aquí, boté por allá, hice aquello, perdóname Señor. Hoy entiendo y voy a hacer lo que tengo que hacer".

Jacob sacó aquella ofrenda y lo que hizo con aquel dinero fue llevarlo frente al plan que Dios había preparado para su vida, para preservar la vida de él y de toda su familia.

Si estás en los tiempos de abundancia, dale gloria a Dios y comienza a planificarte. Si lamentablemente creíste una mentira, dejaste de soñar, dejaste que la vida tomara su curso y te encuentras en problemas, quiero decirte que Dios tiene un plan. Él ha estado trabajando tras bastidores y tú no lo sabías. Sin darte cuenta, lo que Dios ha hecho es preservarte.

¿Y sabes por qué Dios te quiere preservar? Porque Dios te va a hacer más grande. Dios va a preservar tu vida para que veas su grandeza, su misericordia y el poder de Dios. La única razón por la que Dios te ha preservado es para que digas como el salmista decía: *"Hubiera yo desmayado si no creyese que veré la salvación de Jehová en la tierra de los vivientes"* (Salmo 27:13).

Dios te ha preservado porque Él quiere que veas a tus hijos crecer, desarrollarse y prosperar. Dios quiere que veas la libertad financiera que viene para tu vida. Lo que Dios te prometió, lo vas a ver. Lo que parece tu final de muerte, será tu mayor bendición.

Y cuando salgas de ésta, saldrás más fuerte, más grande y más poderoso. Tus enemigos tendrán temor de ti, el mundo dirá: "Ahí hay un escogido del Dios todopoderoso. Verdaderamente, Dios está con él". Dios no va a dejar que tú mueras sin ver lo que Dios te ha prometido. Quizás no es como tú pensabas o esperabas, pero cuando mires bien, te darás cuenta de que era lo que Dios te había dicho desde el principio.

Ponte en las manos de Dios. Dios nos ha llamado a creerle. Creo con todo mi corazón que Dios puede hacer el milagro que estás necesitando. Cuando José cayó en la cisterna, él estaba más cerca de su milagro, que estando en su casa. Cuando cayó en la casa de Potifar, estaba más cerca. Cuando cayó en la cárcel, estaba más cerca de su destino.

Hay dificultades, hay decepciones, pero por encima de todas las cosas, Dios sigue siendo Dios. Si tú le das una oportunidad a Dios, tu vida puede cambiar. Dios ha preservado tu vida. Tú has deseado morirte y Él ha preservado tu vida porque un día tú vas a ver lo que Dios te prometió.

Capítulo 21

EL FAVOR DE DIOS ANTE FARAÓN

Veamos lo que dice:
"Tú estarás sobre mi casa, y por tu palabra se gober-
nará todo mi pueblo; solamente en el trono seré yo mayor
que tú. Dijo además Faraón a José: He aquí yo te he
puesto sobre toda la tierra de Egipto. Entonces Faraón
quitó su anillo de su mano, y lo puso en la mano de
José, y lo hizo vestir de ropas de lino finísimo, y puso
un collar de oro en su cuello..." (Génesis 41:40-42)

A José, no tan sólo lo pusieron sobre la casa de Faraón, sino sobre todo Egipto. Lo hicieron vestir de lino fino, con un anillo de oro. Finalmente, José comenzó a ver su sueño cumplirse. Todavía no se había cumplido totalmente, pero ya había comenzado la manifestación de su destino.

El segundo carruaje

Continúa diciendo el verso 43, "*...y lo hizo subir en su segundo carro, y pregonaron delante de él: ¡Doblad la rodilla!; y lo puso sobre toda la tierra de Egipto...*"

Presta atención al hecho de que pusieron a José en el segundo carruaje. Faraón iba primero y José era el segundo. ¿A cuántos les gustaría tener ese poder? Tú no sabes si decir sí o no. Imagínate que camines y la gente se doblegue ante ti. Lo grande es que ese poder le llegó a José desde el segundo carruaje.

La vida de José siempre fue la vida de un servidor. Nunca fue el primero, pero siempre fue el mejor. Mucha gente quiere prosperar y piensan que para tener éxito hay que ser primero.

La última vez que estuvo en nuestra iglesia el gobernador electo de Puerto Rico, Luis Fortuño, le dije: "Recuerde que los que gobiernan en el país son los que están en el segundo carruaje. Usted no es quien va a tomar las decisiones. Son los que están en la agencias. Los verdaderos líderes son los que saben escoger quiénes están en el segundo carruaje. Esos tres jueces que usted ponga en el Tribunal Supremo son los que van a gobernar por treinta o cuarenta años. A usted lo tendremos aquí por cuatro u ocho años, pero esos jueces que usted asigne, los tendremos ahí hasta que se mueran o renuncien. Las decisiones de estos jefes de agencias son las que van a trascender porque será la gente que nos endeudará por los próximos diez o quince años".

Así que la verdadera decisión de Faraón es quién estará en el segundo carruaje. La gente en las congregaciones quiere estar en el primer carruaje porque piensan que en el primer lugar se tiene autoridad. No. Las rodillas se doblan también delante del que está en el segundo carruaje. Tú no necesitas ser el primero. Sólo necesitas ser el mejor y ser un buen servidor.

José, en su casa, fue el número once. Con los ismaelitas siempre fue esclavo. En la casa de Potifar, ordenaba sobre toda la casa, pero Potifar estaba sobre él. En la cárcel, el carcelero estaba sobre él. José siempre era segundo. Lo llevaron ante Faraón y Faraón siempre estuvo por encima de él. Trajeron a su familia y él se puso al servicio de su familia. El día que estuvo delante de sus hermanos se quitó su máscara y les dijo: "Aquí estoy para servir".

Cuando estudias la Biblia, te vas a dar cuenta de que Dios utilizó en muchas ocasiones a gente de segundo nivel. En Génesis, la ofrenda que Dios aceptó no fue la de Caín, sino la de Abel. Dios fue a libertar al pueblo de Israel de Egipto, pero no escogió a Aarón, hermano mayor de Moisés. ¿A quién escogió Dios para ser el libertador de Egipto? A

Moisés. La tercera familia de Israel estaba en manos de Esaú y Jacob. Esaú era el mayor y Jacob era el segundo. ¿Y de dónde sacó Dios las tribus de Israel? Del segundo. ¿Quién era el que tenía promesa? El segundo.

Permíteme darte otro ejemplo. Está el primer Adán y está el último Adán. El primer Adán es el creado. El segundo o último Adán, mejorado, fue el formado. Hay una diferencia entre el Adán creado y el Adán formado. Tú y yo vivimos y somos producto del Adán formado, que viene a ser en sucesión, el segundo. No me gusta decir que es el segundo, porque cuando decimos segundo tiene que venir un tercero, y con Cristo ya terminamos. Lo que había es el primer Adán y el último Adán. Pero en el nivel de relación, Dios no utilizó al primer Adán, sino al segundo Adán, al último Adán, que es Cristo.

Tú que me lees, acostúmbrate a vivir desde el segundo lugar. El primer lugar siempre es de Dios, y tú tienes que dárselo.

Tú y yo somos producto de esa segunda relación de Dios con el hombre. Tú y yo no estamos bajo el primer pacto. Somos producto del segundo pacto, donde la Biblia dice que hay mejores y mayores promesas. Las promesas que Dios te ha dado son mayores que las primeras promesas.

El pacto más grande es el segundo pacto ratificado por

el último Adán. Ése que derramó su sangre por nosotros en la cruz del Calvario para que tuvieramos derecho a mejores y mayores promesas. Tú que me lees, acostúmbrate a vivir desde el segundo lugar. El primer lugar siempre es de Dios, y tú tienes que dárselo.

La Iglesia tiene que acostumbrarse a vivir de esa manera. Tiene que pensar que cada persona, desde su posición, Dios la puede utilizar para cambiar, no tan sólo su vida, sino las vidas de miles y miles de personas. No importa si para el mundo yo no soy el primero. Lo que importa es si para Dios yo soy el mejor. No importa la posición que tengas en el día de hoy, si eres el escogido de Dios, tendrás autoridad y poder. Tu destino se va a manifestar, aunque no hayas llegado primero en el orden de sucesión.

Capítulo 22

LA CONDICIÓN DE TU CORAZÓN

EL QUINTO NIVEL de bendición y de prosperidad en tu vida es la sanidad y la liberación de tu corazón. Antes de continuar con el ejemplo de José, déjame enseñarte la importancia que da Dios a un corazón que nunca va a renegar de Él. Veamos lo que pasó en el libro de Éxodo 4: 1-7. Dios le mostró a Moisés dos cosas que evidenciarían su presencia en él: la vara y la mano leprosa. Le ordenó que le enseñara a Faraón la vara convertirse en culebra, y que al pueblo de Israel le enseñara la mano leprosa sanarse. La mayor preocupación de Moisés no era que Faraón no le creyera, sino que el pueblo de Dios no le creyera.

Para nuestra enseñanza, examinemos sólo una de estas demostraciones. Aquella mano leprosa representaba la condición del corazón del pueblo. Cuando Moisés sacó la mano leprosa, Dios le estaba diciendo que lo que el pueblo había estado haciendo le había producido lepra, en otras palabras, que el corazón se había dañado.

Todo lo que tú hagas con lo que está al alcance de tu mano, te muestra la condición de tu corazón. El trato que le des a tu familia, a tu trabajo, a tu casa, a tu carro, demuestra la condición de tu corazón. La condición de tu corazón no se demuestra por intenciones, sino por tus acciones.

A este nivel de la manifestación de tu destino, la condición de tu corazón es bien importante. Te voy a explicar por qué. Cuando estudiamos la Biblia, los grandes hombres de Dios como Moisés, Josué, David, Ananías y Daniel, durante mucho tiempo estuvieron cerca de lo que Dios les había prometido, pero les tomó tiempo alcanzarlo. A David, Dios lo ungió para ser rey y lo puso al lado de Saúl. A José, Dios lo había llamado para gobernar y lo metió en la casa de Potifar, lo metió en Egipto, lo puso cerca del lugar del destino, pero no estaba en su destino. Estaba cerca.

Moisés fue llamado a liberar al pueblo de Israel, de manos de Egipto. ¿Y dónde lo puso Dios? En Egipto. Cerca, pero todavía no había llegado a su destino. Y repitiendo algo que mencionamos anteriormente, lo más importante cuando tú estás cerca de la manifestación de tu sueño, es tu corazón. Porque cuando estamos cerca, lo primero que se daña, si no lo cuidamos, es el corazón. La Biblia dice que todo prosperaba en casa de Potifar porque José estaba allí. ¿Cuál era la causa de la prosperidad de Potifar? José. ¿Pero quién era el que prosperaba? Potifar.

Cuando uno es la causa de que otro sea el que prospere, el corazón corre el riesgo de dañarse. En el caso de David, él sabía que tenía que servirle a un hombre que tenía la posición que Dios le había prometido a él. Dios siempre te pone cerca, antes de llevarte al destino final, para poder moldear tu corazón. Depende de ti que tu corazón sea moldeado y no dañado.

Moisés podía destruir a Faraón de otra manera porque él sabía lo que pasaba dentro de la casa de Faraón. David podía destruir a Saúl porque él sabía los demonios que atormentaban a Saúl. Sin embargo, ¿qué hacía David cuando Saúl recibía esos ataques? Tocaba el arpa y Saúl se tranquilizaba. Así que David sabía los secretos más grandes de Saúl.

Josué sabía los secretos más profundos de Moisés porque cuando Moisés iba a orar, se llevaba a Josué. ¿Quién era el que estaba destinado a ser el próximo líder de Israel? Josué. ¿Pero qué iba a determinar que él llegara a ser el líder de Israel después de Moisés? La condición de su corazón, mientras estuviera cerca de la posición que le correspondería dentro de un tiempo.

Hay personas que lamentablemente todo lo que tocan lo convierten en lepra. Dañan todo lo que tocan, incluyendo la gente con quien se relacionan. En los salones, los maestros tienen que saber que hay niños que hay que ponerlos en ciertos lugares porque corren el peligro de dañarse. Hay algunos que tienen la fuerza de voluntad para no dañarse con ellos, pero hay algunos que son bien fáciles de contaminar.

¿Conoces personas que todo lo que tocan, lo dañan? Llegan a un lugar, el ambiente se carga de energía negativa, empeoran el sitio. Entonces los visitas un año después y la casa está peor. ¿Tú no has visto a personas que tienen la capacidad de verse más feas cada año? Es una habilidad. Los ves hoy y mañana se ven demacrados. Habrá aquellos que usen la excusa de la edad, pero yo difiero. Conozco a mucha gente que tiene más edad que ellos y se ven mejor y más cuidados. Las arruguitas no te hacen ver mal. No son las canas las que te hacen ver viejo; las canas pueden estar bien arregladitas, tener un buen recorte. Todos estamos destinados a las canas; es que hay que saberlas llevar. ¿No has visto personas mayores que, como decimos los puertorriqueños, siempre están "de punta en blanco"? Cada año se ven mejor.

Cuando el corazón se guarda, el próximo año tú ves a la persona mejor, alegre, feliz, y su rostro le brilla. Eso es reflejo de la condición de su corazón. Tú ves que todavía tiene sueños.

Permíteme compartirte algo que considero importante y relevante en la historia del rey David. Él era el menor de ocho hijos. Desafortunadamente, su familia lo había echado a un lado; lo tenían casi al olvido. Un día se hizo una fiesta para ungir al próximo rey de Israel, y el padre de David, Isaí, estaba muy esperanzado en que uno de sus hijos fuera el elegido. La sorpresa que se llevó fue que el escogido fue el hijo que él había olvidado. Relatan las Escrituras que el sacerdote visitó la casa de Isaí para ver si el ungido de Dios estaba allí. Pasaron al primero y no era. Vino el segundo y tampoco. Llegaron hasta el séptimo y ninguno resultó ser el señalado de Dios. A ese punto nadie se acordaba de David. O peor aún, no se querían acordar. El profeta Samuel tuvo que preguntar: ¿Te falta alguno? Yo supongo que él pensó: "Bueno, o Dios se equivocó o yo me equivoqué de casa".

Entonces le dijeron que allá en las ovejas había uno, chiquito, pequeño, uno a quien habían olvidado. "Tráiganlo", dijo Samuel. Algunos comentaristas bíblicos dicen que cuando se iba a ungir a un rey, el tapón del cuerno salía por sí solo porque aquel era aceite ungido. Hay muchos teólogos que dicen que cuando Samuel fue a ungir a los primeros hermanos, el tapón del cuerno de aceite no se destapaba. Entonces, ahí estaba Samuel tratando de ungir al primero, tratando de ungir al segundo, y el tapón del cuerno no salía. Pero cuando llegó David, el cuerno de la unción se abrió para que Samuel pudiera ungirlo.

Lo interesante es que Dios le dice al profeta: "Recuerda que yo no miro lo que mira el hombre, sino que yo miro el corazón". David fue escogido ¿por qué? Por el corazón. David no fue escogido por las habilidades, David no fue escogido por sus talentos ni por su hermosura. David no fue escogido porque sabía cantar o porque sabía escribir. David fue escogido por su corazón.

Es bueno que sepas esto. Dios escoge al hombre por el corazón. Y déjame decirte que, en la mayoría de los casos, el mayor talento de los que están en el segundo carruaje, es el corazón que tienen. Los que están en el primer carruaje siempre brillan por sus habilidades, sus talentos y su belleza física. El mundo pone en primer lugar a aquellos a quienes ellos mismos quieren idealizar, por su cuerpo o su talento, pero cuando miras las vidas de muchos de los que están en el primer lugar, te das cuenta de que les falta lo más importante: el corazón.

Dios escoge al hombre por el corazón.

Entiende que el mundo idealiza todas esas cosas porque quiere proyectarse en las personas que las poseen. Muchas de esas personas representan lo que a la gente le gustaría ser algún día. Pero lo que Dios busca es el corazón. La pregunta que yo me hacía en estos días era: "Señor, pero ¿qué tiene que ver el corazón? ¿Por qué era tan importante el corazón de David, por qué era tan importante el corazón de José?"

Porque Dios sabía por todo lo que David tendría que pasar para llegar al lugar donde Dios lo quería llevar, y su talento no lo iba a llevar, pero sí su corazón. Dios no necesita gente con talento para llegar a un lugar porque los talentos los pone Dios. Dios no necesita gente bella para el mundo, físicamente hablando, porque la belleza se la da Dios.

Dios lo que está buscando es gente que Él pueda llevar a su destino porque tienen el corazón para resistir lo que se requiera. No todo el mundo tiene el corazón para pasar lo que hay que pasar, para llegar a donde Dios ha dicho que le quiere llevar. Cuando yo hablo del corazón, no hablo de esa valentía de que vas a llegar. Hablo de un corazón suficientemente moldeable que no permita que las circunstancias de la vida lo corrompan.

Imagínate a David sirviéndole al hombre cuya posición él asumiría algún día. Lo que llevó a David al trono no fue una piedra en una honda. Eso lo hizo lucir bien, despertó la curiosidad del mundo por él y le produjo grandes recompensas. Tampoco fue su talento de cantar y de escribir salmos lo que lo llevó al trono. Lo que hicieron sus talentos fue llevarlo delante del rey. Lo que lo llevó al trono fue su corazón. Fue tener el corazón que Dios necesitaba para el rey, a pesar de los problemas que le rodeaban.

Dios no necesita reyes con talento, sino reyes con corazón de reyes. Dios te puede dar un talento o una habilidad, y si tú dependes de tu habilidad, ¿sabes lo que va ocurrir? No te la va a quitar, pues Dios no actúa así. Lo que va a pasar es que si no tienes el corazón que Dios quiere, vendrá otro que va a alumbrar por encima de ti. Te vas a sentir deprimido porque cuando tú compares tus habilidades con las habilidades de los demás, te darás cuenta de que siempre en el mundo natural habrá gente mejor que tú. Pero algo con lo que tú podrás vivir toda tu vida, es con un corazón sano, limpio, que Dios pueda corregir, que sea un corazón sensible.

¿Por qué Saúl fue removido de rey? Bien fácil. Saúl tenía la posición, el talento, el favor del pueblo, pero no tenía el corazón. No tenía un corazón humilde, sensible, presto para el arrepentimiento. Dios no puede tener, en lugares prominentes, gente que no tenga el corazón correcto. Puede ser que tú estés frustrado o frustrada porque no tengas las habilidades o el talento que piensas que deberías tener para llegar, pero entiende que todo lo que Dios necesita es un corazón moldeable que Él pueda usar. Un corazón que pueda pasar por todo el proceso necesario hasta llegar al lugar donde Dios quiere llevarte. Ese es el requisito número uno.

¿Cuándo fue la última vez que a pesar de tus circunstancias el Señor pudo tocar tu corazón? Tú no necesitas un corazón perfecto, sino un corazón que cuando hagas algo mal, Dios lo pueda tocar y caigas rendido a sus pies.

Hay gente que lleva años yendo a la iglesia, pero hace mucho tiempo que Dios no le ha tocado. ¿Cuándo fue la última vez que tú asististe a un culto y en medio de un servicio le permitiste a Dios que pusiera su mano y tocara tu corazón? Tal vez piensas que ese toque será doloroso porque estás consciente de tus errores.

"Sobre toda cosa guardada, guarda tu corazón; porque de él mana la vida" (Proverbios 4:23).

El mundo celebra las habilidades y los talentos, pero Dios lo que reconoce es el corazón del hombre. Un corazón sensible a Él. Un corazón que cuando Dios te toque, llores, tiembles y sientas.

¿Cuándo fue la última vez que el abrazo de alguien te hizo sentir alguna emoción? ¿Cuándo fue la última vez que un beso te hizo sentir una emoción? Pensarás que la relación se está enfriando, y si se está enfriando es por culpa tuya porque no has abierto el corazón, tal vez a tu esposa, a tus hijos o hasta a Dios. Tú puedes tener relaciones íntimas y no sentir absolutamente nada porque puedes estar entregando tu cuerpo, pero no necesariamente tu corazón. No lo quieres entregar porque te han herido, porque te han lastimado, pero eso es lo que Dios está buscando.

Dios busca un corazón capaz de resistir todos los embates del camino hacia el destino que Él te ha preparado. Dios sabe que te van rechazar y que te van a abandonar. Sabe que alguien va a tratar de matar tu sueño. Sabe que, como José, te reconocieron y te van a mandar otra vez a pastar las ovejas, es decir, te van a retrasar la manifestación de tu sueño. También sabe que te van a perseguir, y que se van a unir contigo los endeudados, fracasados y aquellos con los peores problemas.

Para que tú puedas superar todo eso que te va a pasar, Dios necesita que tengas un corazón sensible a Él. Tú no necesitas más habilidades porque en el momento en que tú tienes corazón, Dios coge una piedrita y una honda, y hace un ejército completo. Porque detrás de esa piedra y de esa honda, lo que hay es un corazón. Si tratas de derribar los gigantes con tu honda, vas a fracasar. Pero los gigantes más grandes de tu vida no están fuera de ti, sino dentro de ti, en tu mente. Y si tú tienes el corazón suficientemente grande, vas a darte cuenta de cómo Dios los hará caer día tras día.

Dios busca un corazón capaz de resistir
todos los embates del camino hacia
el destino que Él te ha preparado.

Capítulo 23

DIOS TIENE UN PLAN MÁS GRANDE

"Y dijo José a sus hermanos: Yo soy José; ¿vive aún mi padre? Y sus hermanos no pudieron responderle, porque estaban turbados delante de él. Entonces dijo José a sus hermanos: Acercaos ahora a mí" (Génesis 45: 3-4).

Cuando José pronunció las palabras *acercaos a mí* demostró la sanidad de su corazón, poniéndose otra vez en una posición vulnerable.

Mira como sigue diciendo: *"Así, pues, no me enviasteis acá vosotros, sino que me envió Dios, que me ha puesto por padre de Faraón y por señor de toda su casa, y por gobernador en toda la tierra"* (Génesis 45: 8-18).

Hay algo que mantuvo limpio el corazón de José, y permitió que Dios lo utilizara y que pudiera disfrutar de la bendición. Es el pensamiento de saber que Dios tenía un plan más grande con su vida que ni él mismo había podido imaginar. El corazón que Dios puede usar es el corazón de la gente que, estando en el hoyo, no le dan gracias a Dios por el hoyo; le dan gracias a Dios porque saben que Él tiene un plan más grande. Por lo tanto, el corazón no se puede quedar en el hoyo. El corazón de José no se podía quedar en aquel pozo donde cayó primero.

El segundo lugar donde cayó José fue en la casa de Potifar, donde lo vendieron; simplemente lo traicionaron. Pero el corazón de José tenía que entender que Dios tenía un plan más grande que la casa de Potifar. Cayó en la cárcel, pero el corazón de José sabía que había un plan más grande que la cárcel. José cayó en Egipto, pero Dios tenía que mostrarle a José que había un plan más grande que llevar a José a tener una posición de poder en Egipto. Era el plan de salvar a toda su familia y a toda la nación de Egipto.

La razón por la cual muchas veces Dios no puede usar a

muchos de nosotros, es porque cuando estamos en el hoyo, pensamos que ahí terminó nuestra vida. Cuando estamos en casa de Potifar, pensamos que Dios se ha olvidado de nosotros y que ése será nuestro final. Cuando caemos en la cárcel, nuestro corazón se queda encerrado entre esas paredes. Entramos a casa de Faraón y pensamos que otra vez Dios se ha olvidado de nosotros. No comprendemos que Dios tiene un plan más grande de lo que estamos viviendo en esa hora.

¿Tú quieres un corazón que Dios pueda usar? Entiende que aunque estés en el hoyo, estés en casa de Potifar, estés en la cárcel o en casa de Faraón, hay algo más grande que Dios quiere hacer en tu vida. Yo no sé por qué estás en el lugar en el que estás. Lo que sí sé es que Él conoce los pensamientos que tiene acerca de ti, *"pensamientos de paz, y no de mal, para daros el fin que esperáis"* (Jeremías 29:11).

Tu fin no es el hoyo, tu fin no es la cárcel, tu fin no es eso que estás viviendo. Tus circunstancias parecen decirte: "Hasta aquí llegaste, no lo vas a lograr, no lo vas a poder alcanzar". Tus pensamientos tal vez te digan, "resígnate a vivir de esta manera". Entonces eso hace que tu corazón se endurezca.

Por eso, Dios te quiere tocar en el hoyo, en la cárcel, en casa de Potifar y en casa de Faraón. Si Dios no puede tocar tu corazón durante estas etapas de tu vida, entonces no te podrá llevar al lugar donde Él quiere llevarte.

Tú tienes que pensar que a pesar de todas las circunstancias, hay un plan más grande para ti. Dios tiene algo más grande que pagar tus deudas. Dios tiene algo más grande que retirarte de tu trabajo. Cada vez que atraviesas una circunstancia donde piensas que estás retrocediendo, recuerda que lo más importante es guardar tu corazón porque Dios tiene un plan más grande. Si tú no entiendes eso, tu corazón se dañará.

José tenía que proyectar algo especial que hiciera a Potifar pensar: "Este muchacho tiene algo especial, tiene algo grande". El carcelero tuvo que ver algo especial en José. Faraón tuvo que ver algo especial en José. Era el corazón; lo que emana su corazón.

Cuando tú piensas que no hay opciones, que no hay salidas, tu corazón se daña. Si piensas que aunque existen opciones, nunca las podrás tener, tu corazón se daña. Pero la gente que Dios puede usar es la gente que ha visto las opciones, como lo hicieron Josué y Caleb. Saben que hay uvas en la tierra prometida, las han probado y reconocen que Dios sólo está esperando el momento preciso para llevarlos allí y darles la victoria.

*Tú tienes que pensar que a pesar
de todas las circunstancias, hay
un plan más grande para ti.*

Si no te es posible recibir la revelación de que el propósito de Dios es más grande que las circunstancias presentes, permanecerás atado a ellas. No es hasta que el hombre puede entender que Dios no ha terminado con él, que recibe las fuerzas para continuar. En el libro de Hechos 27: 23-24, la Palabra nos muestra un buen ejemplo.

> "...Porque esta noche ha estado conmigo el ángel del Dios de quien soy y a quien sirvo, diciendo: Pablo, no temas; es necesario que comparezcas ante César; y he aquí, Dios te ha concedido todos los que navegan contigo. Por tanto, oh varones, tened buen ánimo; porque yo confío en Dios que será así como se me ha dicho."

*Tu vida no se termina hasta que
Dios no termine su obra en ti.*

Lo que le dio la certeza a Pablo de que no perdería su vida fue que Dios le dijo que todavía su tarea no había terminado. Cuando Pablo reconoció que el plan de Dios para su vida continuaba, cobró ánimo y se salvaron todos los que estaban con él.

Tu vida no se termina hasta que Dios no termine su obra en ti.

Capítulo 24

OLVIDO, PROSPERIDAD Y SANIDAD DEL CORAZÓN

Y A ENTENDIMOS POR qué Dios necesita personas que tengan un corazón limpio y sensible a Él, para que puedan pasar todo el proceso hacia la manifestación de su destino. Para que ese corazón no se dañe por la circunstancias, tienes que entender que Dios tiene un plan mucho más grande que el que en un momento dado tú hayas podido ver. Por eso, Dios necesitaba sanar totalmente el corazón de José, para que disfrutara de su destino. A pesar de que muchos no dañan su corazón para continuar sirviendo, nunca pueden disfrutar de todo lo que Dios tiene para sus vidas. Tu actitud hacia otros puede ser de bondad y misericordia, pero si hacia ti mismo no tienes esos sentimientos, todavía no has llegado a donde Dios desea.

> "Ahora, pues, no os entristezcáis, ni os pese de haberme vendido acá; porque para preservación de vida me envió Dios delante de vosotros... Así, pues, no me enviasteis acá vosotros, sino Dios, que me ha puesto por padre de Faraón y por señor de toda su casa, y por gobernador en toda la tierra de Egipto" (Génesis 45: 5-8).

Observa en estos versículos cómo José quitó a sus hermanos la culpa de todo lo que él había sufrido. Su corazón sanó porque se dio cuenta de que todo lo que le había pasado era para alcanzar el plan de Dios para él. Aunque de acuerdo con el primer sueño de José, él logró favor, reconocimiento, riquezas y poder, el sueño de Dios era mayor. El destino que Dios le tenía deparado iba más allá de las aspiraciones y del entendimiento humano. El destino divino de José era preservar a su familia y darle gran liberación.

Para cumplir ese propósito divino, el corazón de José tenía que sanarse en dos niveles: con Dios y con él mismo. Es la única forma que puedes vivir una vida libre para disfrutar todo lo que Dios quiere hacer contigo.

Sigue el ejemplo de José: no te pongas en el lugar de Dios. No eres tú quien tiene que pasar juicio sobre nadie. Cuando lo haces, te frustras. Deja los juicios y las condenaciones a un lado, y cuida que lo que piensa el mundo no sea lo que tú piensas de ti. Nunca pienses mal contra Dios ni contra ti.

Así mismo, tú tienes que sanar tu corazón porque Dios te va a usar para dos cosas: preservar las vidas en tu familia y darles gran liberación. Tu corazón no puede estar dañado porque tu familia te necesita. No tan sólo hablo de tu familia inmediata, sino también de la familia de la fe. Hablo de tus hermanos creyentes, a quienes Dios va a bendecir a través de lo que hará en tu vida. Estás llamado a romper todo lo que les ha atado durante años.

Dios te va a usar para dos cosas:
preservar las vidas en tu familia
y darles gran liberación.

Sin embargo, José, como nosotros, pensaba que la manera de seguir adelante era olvidarse de todo lo que le había pasado. José pensó que si olvidaba todo, estaría bien. En la vida hacemos muchas cosas, simplemente para tratar de olvidar. Igual que José quería olvidar, el hombre quiere olvidar lo que Dios le mandó a salvar y es muy triste estar toda la vida tratando de olvidar. Por otro lado, la gente quiere prosperar para cubrir su aflicción.

Por eso es tan significativa la bendición de Jacob sobre los hijos de José, Manasés y Efraín.

> "...Y los tomó José a ambos, Efraín a su derecha, a la izquierda de Israel, y Manasés a su izquierda, a la derecha de Israel; y los acercó a él. Entonces Israel extendió su mano derecha, y la puso sobre la cabeza de Efraín, que era el menor, y su mano izquierda sobre la cabeza de Manasés, colocando así sus manos adrede, aunque Manasés era el primogénito...(Génesis 48: 13 -14)

El nombre del primer hijo de José era "Manasés", que significa "Dios me hizo olvidar a mi familia y a mi tierra". El nombre del segundo hijo era "Efraín", que significa "Dios me hizo fructificar en la tierra de mi aflicción". Cuando Jacob fue a bendecir a los hijos de José, cambió su mano derecha hacia Efraín, y su mano izquierda hacia Manasés. Puso el olvido a la derecha, y la prosperidad y la abundancia, a la izquierda. En verdad, lo que hizo fue poner la prosperidad antes que el olvido. Le estaba dando una orden a José para que reaccionara y se diera cuenta de que no tenía que vivir el resto de su vida tratando de huir de su pasado.

Dios no descarta; transforma. Dios es capaz
de transformar tu pasado en bendición.
Dios lo convertirá todo en bendición.

Si como hizo Israel (Jacob), inviertes el orden entre el olvido y la prosperidad, nunca más tendrás que tratar de olvidar para disfrutar lo que Dios ha hecho contigo. No te esfuerces en olvidar ni lo antepongas a tu prosperidad porque tu pasado te lo va a recordar todo el tiempo. Si vas al médico, lo primero que te pregunta es tu historial. Si pides un informe de crédito, te muestran todo tu pasado financiero. Y mira cómo funciona la mente: para traer a la memoria y para proyectar el futuro. Perdemos de vista el presente, que es lo que tenemos, y pasamos nuestros días en el pasado y en el futuro.

Piensa esto. El presente y el futuro no existen sin pasado. No puedes disfrutar el presente sin futuro ni pasado. Lo que tienes que hacer es desarrollar la capacidad de traer al presente tu pasado y tu futuro, sin dejar de disfrutar el presente. Siempre recuerda que lo más grande que tienes es el día de hoy. "Manasés" no debe ser nunca lo primero en tu vida. No hay nada del pasado de lo que tengas que huir. Dios puede usar tu pasado a tu favor.

Dios no descarta; transforma. Dios es capaz de transformar tu pasado en bendición. Dios lo convertirá todo en bendición.

Capítulo 25

EL NIVEL DE RESPETO

*"Tomó también consigo Moisés los huesos de José,
el cual había juramentado a los hijos de Israel,
diciendo: Dios ciertamente os visitará, y haréis subir
mis huesos de aquí con vosotros" (Éxodo 13:19).*

CUANDO EL PUEBLO de Israel marchó fuera de la tierra de Egipto, se llevaron los huesos de José. En Éxodo 1 dice que cuando llegó un nuevo Faraón, se olvidó de José. Egipto se olvidó de José, pero Israel, el pueblo de Dios, nunca se olvidó de lo que José había hecho. Los huesos de José no se quedarían en el lugar de esclavitud.

El mundo desea admiración, pero Dios quiere darte honor y respeto delante del mundo. Yo me pregunto si alguien querrá cargar con tus huesos cuando ya no estés aquí. ¿Estarás viviendo tú una vida de carácter, para que el mundo quiera cargar con tus huesos al nuevo nivel? ¿Querrán tus hijos cargar con tus huesos a la nueva etapa a la que Dios los va a llevar a ellos?

Lo que vemos en la historia de José, muchas veces, es la admiración que recibimos de ver cómo Dios saca a una persona de la nada y la hace grande. Yo quiero que tú entiendas, en esta hora, que hay un nivel más grande en tu vida, que es el nivel donde la quinta etapa te va a llevar. Este es el nivel de la prosperidad, pero de un corazón limpio y puro, para poder disfrutar de ella y para que el mundo te respete por tu carácter. El mundo te admira por dos cosas: por tus talentos y por tu historia, pero te respeta por tu carácter.

En el mundo hoy día, y aún en las iglesias, se reconocen las primeras dos cosas: los talentos y la historia de una persona. Celebramos que Dios sacó a alguien de las drogas o del alcohol, admiramos su testimonio porque conocemos su historia. Nos identificamos y reafirmamos que si Dios lo hizo con él, también lo puede hacer conmigo.

Pero hay un nivel más alto que es el nivel de respeto. Dios no te quiere sacar de donde estás, sólo para darte una historia y que al final termines en el mismo lugar. La admiración no es suficiente para llegar al lugar donde Dios te quiere llevar. Hay un nivel de respeto que depende de tu carácter. Depende de tu entereza espiritual. Depende de tu corazón. Y como dije anteriormente, muchos sentimos admiración por el testimonio de otros porque sabemos de dónde Dios los sacó. Pero después de mucho tiempo, esas personas no se dan cuenta de que lo que construyen toda una vida basado en su historia y talentos, lo pueden destruir en un minuto por su falta de carácter. Treinta años de éxitos los puedes destruir en un minuto, por una falta de carácter. Más importante que la entrada, es la salida. Porque nadie se acordará realmente de tu entrada, si no celebran tu salida.

La razón por la que el pueblo se llevó los huesos de José y le celebró, no fue únicamente por su historia, sino que más bien fue por el carácter que José demostró cuando llegó al palacio. En el mundo, conocemos grandes líderes que admiramos. Un ejemplo es Bill Clinton, Presidente de los Estados Unidos, un hombre conocido, digno de admirar, que hizo muchas cosas maravillosas y alcanzó muchos logros para la nación americana. Sin embargo, no puedes pensar en Bill Clinton sin pensar en Mónica Lewinsky. Una falta de carácter empaña el resto de las cosas. Un detalle nada más.

¡Qué triste sería que Dios te llevara al palacio y una falta de carácter de tu parte hiciera que los que vienen detrás de ti, no quisieran cargar con tus huesos! Es ahí donde debemos poner nuestra atención. Tu entrada no es la que importa. No importa si naciste en una cuna de oro, no importa si naciste en un arrabal. De donde quiera que vengas, Dios te puede llevar a un nuevo nivel.

Tú no decidiste en qué familia ibas a nacer, no decidiste si ibas a nacer rico o pobre, no decidiste si ibas a nacer en un lugar lujoso, el país, el apellido de tu familia... pero no importando cómo tú hayas entrado a este mundo, Dios te puede levantar.

Tú eres un campeón porque hay gente a quien no le ha pasado ni la mitad de lo que te ha pasado a ti, y están en el manicomio, tomando pastillas para la depresión, pensando en suicidarse, o presos. Y a ti te pasó el doble de lo que les pasó a ellos, y todavía estás creyéndole a Dios. Así que lo importante no es tu entrada, sino tu salida.

Pastor, ¿usted dice que nadie me va a respetar si no hay prosperidad en mi vida? Yo no estoy hablando de millonarios, no estoy diciendo que tienes que ser multimillonario. Lo que estoy diciendo es que tiene que haber progreso en tu vida, que el año que viene tengas menos deudas y más ingresos, aunque sea por diez dólares. Yo no estoy diciendo que todo el mundo tiene que ser millonario. Lo que estoy diciendo es que tienes que ir de gloria en gloria, de triunfo en triunfo, de bendición en bendición; que la gente vea de dónde tú saliste y a dónde Dios te ha llevado. La gente te va a admirar por eso. Para respetarte, primero tienen que admirarte. Para que te admiren, tienes que prosperar.

Para que esta sucesión de eventos se alcance, tienes que encargarte de que tu corazón se mantenga limpio para que la gente te respete y te honre. No podrás vivir toda tu vida de tu historia y talentos, pero sí del respeto.

Todo el que edifica un ministerio o una vida, estará tentado a competir y exagerar su historia, porque siempre vendrán historias más crueles, más dramáticas y más difíciles que la suya. Siempre habrá gente más talentosa que tú. Yo sé que hay pastores y predicadores mejores que yo. Quizás yo estoy en la época maravillosa de mi vida, porque soy lo que llaman un león joven, tengo fuerza, puedo hacer un montón de cosas. Pero yo sé que vendrá otro con más fuerza, con mejores talentos. Lo que va a establecer mi vida más allá de eso, es el carácter que yo pueda mostrar después del talento.

La gente trata de establecerse por admiración y por talentos. Las revistas dirigidas a las mujeres y a los hombres, lo único que enfocan es el talento y la historia. Pocas revistas se enfocan en el carácter de un hombre. Visita cualquier librería y revisa las revistas, y lo confirmarás. Te vas a dar cuenta de que lo que admiramos siempre es lo externo. Para descubrir historias de hombres de éxito y conocer su carácter tendrás que ir a la parte de atrás de una librería, a la sección de biografías, la cual no muchos visitan.

Quiero invitarte a que transitemos por un camino que he

decidido llamar la escalera de éxito de José, donde no tan sólo Dios te prospere más allá de tu imaginación, sino que la gente quiera cargar con tus huesos. Quiero que trasciendas al nivel de respeto donde tus sucesores no estén dispuestos a dejar atrás tus huesos, sino que cuando ellos crucen al otro lado de la bendición, te honren y puedas cruzar con ellos.

Para desarrollar el carácter que te lleva a ese nivel de respeto, tienes que guardar tu corazón. A pesar de todas las experiencias negativas en tu vida, tu corazón debe estar sano y libre. No te puedes enfrentar a un problema con el mismo corazón. No te puedes enfrentar a Faraón con el corazón dañado. Dios no te va a bendecir porque tú tengas coraje. Él te ha demostrado que sigue siendo tu Dios. Otros cayeron en el hoyo como José y nadie los fue a buscar. Pero a ti te buscaron, a ti te llevaron a otro lugar. Otros cayeron en casa de Potifar y todavía están en casa de Potifar. Están allí como esclavos. Otros cayeron en la cárcel como José y fueron engañados y traicionados, y cayeron en problemas porque alguien los engañó. Pero tú saliste, ya no estás allí. Dios te ha dado la oportunidad de estar donde estás, para que entiendas que llegó el momento de abrir tu corazón.

Vamos a creer que Dios va a hacer algo sobrenatural para ti. Hay muchas razones para tener coraje, guardar rencor, vivir en tinieblas, estar deprimido y hasta cuestionar a Dios, pero ese es un engaño de tu mente para mantenerte atado a algo de lo cual Dios te quiere librar.

¿Quieres alcanzar una prosperidad plena y feliz, que

alcance mucho más allá de lo que ha podido concebir tu mente? ¿Quieres cumplir, a su vez, el destino divino que te permita ser el instrumento de bendición que Dios quiere que tú seas? Entonces, determínate en este momento a sanar y liberar tu corazón. Te invito a hacer esta oración y me pongo de acuerdo contigo en que esta Palabra atada a tu fe, te devolverá el corazón que Dios necesita para ti.

"Padre, yo declaro que toda raíz de amargura, toda depresión, toda tristeza, todo dolor te la entrego a ti. No puedo enfrentar a Faraón con el mismo corazón. No puedo enfrentar a Faraón con las mismas experiencias del pasado. No puedo presentarme frente a Faraón con un corazón dañado. Padre, yo te pido que toques hoy mi corazón. Padre, que no termine de leer este libro de la misma manera como empecé. Padre, borra toda emoción negativa de todo fracaso del ayer. En el nombre poderoso de Jesús, no te doy gracias por los problemas, o por lo que se perdió, porque Tú no eres autor de mis problemas. Pero sí te doy gracias porque me has traído hasta aquí, y todavía queda en mí un pedazo de corazón sensible. Padre, toca mi corazón. Que hoy sea un día de renacer, de poder y de gloria. Que tú cambies las lágrimas en alegría. Que tú cambies las tristezas en gozo y que por el poder de tu Palabra se rompan las cadenas que me atan. Padre, yo te pido un corazón limpio, un corazón nuevo, un corazón transformado."

EPÍLOGO

DECIDE DESDE HOY confiar en Dios y en sus planes para tu vida. Una de las revelaciones más grandes que un hombre puede recibir es el hecho de entender que Dios tiene planes para su vida. En el libro de Jeremías 29:11 "11 Porque yo sé muy bien los planes que tengo para ustedes —afirma el Señor—, planes de bienestar y no de calamidad, a fin de darles un futuro y una esperanza." Ninguna Buena relación puede existir solo con el buen deseo que tenga una persona hacia la otra. Por ejemplo, nadie puede estar satisfecho en una relación de pareja única y exclusivamente conociendo que la otra persona la ama o quiere lo mejor para ella o él. El amor tiene que ser expresado en planes concretos que demuestren que hay un futuro. Una joven que se enamora tiene la expectativa de hacer los planes de bodas y formar una familia. Por mas amor que exista si esos planes no están claros se forma un sentido de frustración que eventualmente terminara con la relación. Por esta razón una de las cosas más grandes que Dios desea que tú sepas es que Él tiene planes contigo. Sus planes para tu vida son de bien estar y de bendición.

No te puedo explicar por qué han pasado tantas cosas en tu vida. Si puedo asegurarte que no tienen que determinar lo que Dios tiene para tu vida. No admiramos los grandes hombres y mujeres de la palabra por las hazañas heroicas que realizaron sino por haber sido capaces de vencer el ambiente hostil en el que vivieron. Lo que me hace admirar a David no es que matara a Goliat por que no puede realmente identificarme con este evento. Nunca me enfrentare a un gigante de esa manera. Lo que hace que me identifique con él son todos los problemas que tuvo que superar y que a pesar de ellos venció al gigante. No era querido por su padre ni sus hermanos, el rey Saúl lo trato de matar, los que le apoyaron en un momento eran personas que estaban en una peor situación que él, problemas en su matrimonio y luego con sus hijos. A pesar de todo esto el plan de Dios para su vida se cumplió y fue capaz de agradar a Dios. Una vez mas las circunstancias en las que vives no tienen en si misma la capacidad de detener el destino que Dios tiene para ti.

No puedo anticiparte ni explicarte las experiencias que tendrás que vivir. Lo único que puedo decirte es que Dios va a cumplir su plan contigo si eres capaz de confiar en él. José fue capaz de mantener en su corazón el sueño vivo hasta verlo cumplir. De esa misma manera no puedes permitir que el sueño de Dios para tu vida desaparezca de tu interior. Cualquier cosa puede cambiar a tu alrededor pero nunca puedes olvidar que fuiste llamado a la grandeza y a la bendición. Tu vida no termina en el lugar en que te encuentras, si decides continuar creyendo en el sueño de Dios para ti. Hoy es un nuevo día para entender que Dios te llevará desde el sueño al palacio.

SOBRE EL AUTOR

E L PASTOR OTONIEL Font es un audaz exponente de la Palabra de Dios reconocido internacionalmente. Comenzó a pastorear a la edad de 19 años en la Iglesia Fuente de Agua Viva en Orlando, Florida, la cual fue inaugurada el 26 de junio de 1994.

En el 2004 se trasladó a pastorear la Iglesia Fuente de Agua Viva en Carolina, Puerto Rico, junto a su esposa, la pastora Omayra Font. Esta se ha convertido en una de las congregaciones de mayor prestigio en la isla con alcance global.

Actualmente el pastor Otoniel reside en Puerto Rico junto a su esposa y sus cuatro hijas: Joanirie, Janaimar, Jenibelle y Jillianne.

OTONIEL FONT MINISTRIES
PO BOX 3018
CAROLINA, PR 00984
(T) 787.625.2187 (F) 787.701.4245
info@otonielfont.com
www.otonielfont.com